Volker Biesenbender

Von der unerträglichen Leichtigkeit
des Instrumentalspiels

Wege
Musikpädagogische Schriftenreihe
Band 2

Volker Biesenbender

Von der unerträglichen Leichtigkeit des Instrumentalspiels

Vorwort von Yehudi Menuhin

Drei Vorträge zur Ökologie des Musizierens:

☐ Zur Ökologie des Violinspiels
☐ Plädoyer für improvisatorisches Lernen
☐ Von der unerträglichen Leichtigkeit des Instrumentalspiels

Für meinen Lehrer
Rami Schevilov,
Tel Aviv,
in Dankbarkeit

© 1992 by MUSIKEDITION NEPOMUK
Postfach, CH–5001 Aarau, Schweiz
Alle Rechte vorbehalten
Umschlag: Tilmann Ottlik, Zürich
Satz: desktop atelier, Aarau
Lektorat: Margrit Bühler, Aarau
Druck: AZ Druckhaus, Kempten
3. Auflage 1994
ISBN 3 - 907 117 - 02 - 6

Vorwort

My beloved Volker Biesenbender would liken the playing of the violin to the harp hanging on a tree brought to singing life by the gentle breeze. Of course he is right, the violinist proves to be with his instruments - mind, body, violin and bow - an integrated vessel resonating not to the movement of air on string, but to a sound-concept, an inner oral fantasy of his own making.

The passive harp - to render specific intervals - has still to be tuned, add to this an active and cultivated imagination, complete with living pulse, and the ever-changing texture and shape of self-generated sound in melodic and harmonic embodiments, all in a state of unceasing creation, and you have described that ecstatic state of 'improvisation' in which the player is both equally passive, receiving and active - giving.

This state is our Nirvana, but constitutes as well the state of mind and heart of our very first child's and childlike encounter with the violin.

I have always insisted that singing - of folk melodies, for instance - and part-singing should precede instrumental experience and that playing by ear must precede the reading of notes in the same way that speaking a language, or listening to it, normally precedes reading and writing it.

I agree fully with Volker about the deadly effect of teaching performance from fixed visual and deliberately frozen, formulated fractional details of position when what must needs be 'learnt' is the *flowing* co-ordination, which incorporates a myriad of elements, themselves in constant flux of speed and proportion.

Naturally, over and above everything must be one overall 'vision' of expressions - a will, an aspiration, a burning longing to express - and finally a concept and, on the part of the teacher, an example.

I would formulate the basic principle of teaching the young violinist that of never grabbing or 'holding on' to bow or violin, of the 'holding' fingers, the softness, readiness to bend in all and root prints of the two thumbs is *absolutely essential*.

When 'holding' violin and bow *no single* point anywhere in the body, but particularly in hands, arms, neck, shoulders can ever be allowed to stiffen.

Muscles of arms must always be soft to the touch, never hard.

Violin playing is a balancing act without any fixed positions; therefore, my objection to shoulder rests or their misuse, or the use of the shoulder to 'hold' the violin instead of a movable collarbone, on which the violin *rests* whilst the collarbone can be raised *independently* of shoulder.

In other words, no part of the body (or mind) may be allowed to 'set', to form an obstacle to the flow of musical impulse.

The other essential is the 'improvisational' approach. No performance can be 'moving', even of a so-called literate classical composition, unless it is possessed of the element of *immediate* (of the very moment, as when driving a car) improvisation.

In fact, one is handling a living body, and Volker's image of love-making is correct. Would that such tenderness, compassion, strong will and dedication, such inspired clarity of vision and insight, would that these criteria applied to the 'dignity' of man, woman and 'child' to the extent they play a part in the minds of 'men in power'.

Therefore the teaching and example of revealing *true* interpretations - true to the spirit behind the notes, the meaning to which the notes are but clues, as in a mystery thriller - is of such huge importance.

And once the process is kindled in a child it will burn on, largely feeding on its own resources of high aim, of commitment, integrity and love.

Yehudi Menuhin

Übersetzung des Vorwortes

Der nachfolgende Text ist eine freie Übersetzung des Vorwortes von Yehudi Menuhin. Seine - wohl nur in der englischen Sprache mögliche - Knappheit der Diktion, bei gleichzeitiger poetischer Fülle von Bildern, liess eine wortwörtliche Übersetzung als nicht sinnvoll erscheinen.

Mein mir so lieber Freund Volker Biesenbender würde das Violinspiel wohl am ehesten mit einer im Baum hängenden Aeolsharfe vergleichen, welche, nur von einem sachten Windhauch berührt, zum Klingen gebracht wird. Natürlich hat er recht: Ein Geiger und seine Instrumente, Geist und Körper, Geige und Bogen, bilden in der Tat eine lebendige Einheit. Ein Gefäss, das allerdings nicht zu Luftbewegung auf der Saite resoniert, sondern zu einem musikalischen Konzept, einer selbstgeschaffenen, innerlich gehörten Klangfantasie.

Diese passive Harfe, die dazu dient, bestimmte Intervalle darzustellen, muss zuerst einmal gestimmt werden. Dazu kommen noch eine aktive, kultivierte Vorstellungskraft, ein lebendiger Puls und das - ständig sich verändernde - selbsterzeugte Klanggewebe in seiner jeweiligen harmonischen und melodischen Verkörperung; all dies ist im Zustand ewigen schöpferischen Werdens: Damit ist der ekstatische Zustand echter "Improvisation" beschrieben, in welchem der Musiker gleichzeitig passiv empfangend und aktiv gebend ist.

Dieser Seinszustand ist unser Nirvana - beschreibt aber auch die seelische Haltung, mit der wir als Kinder zum allerersten Mal der Geige begegneten.

Ich habe immer mit Nachdruck darauf bestanden, dass das Singen, etwa von Volksliedern, der praktischen Erfahrung am Instrument vorangehen soll. Ich habe auch immer verlangt, dass man **zuerst** nach dem Gehör spielen lernen sollte, **dann** erst nach Noten - man **spricht** und **hört** eine Sprache ja normalerweise auch zuerst; bevor man schreiben und lesen lernt.

Ich stimme völlig mit Volker darin überein, dass eine Lehrweise tödlich sein kann, wenn sie von fixierten visuellen, gewollt "erstarrten", formalisierten und in Einzelheiten zerlegten körperlichen Details ausgeht. Was wirklich "gelernt" werden muss, ist die **fliessende Koordination** zwischen unzähligen Elementen, deren Geschwindigkeit und Proportion zueinander in dauernder Veränderung begriffen sind.

Natürlich muss vor allem und über allem eine übergeordnete "Ausdrucksvision" da sein - ein Wille, ein Streben, eine brennende Sehnsucht nach Ausdruck.

Dazu kommt schliesslich ein musikalisches Konzept und vom Lehrer das lebendige Beispiel.

Ich würde es als wichtiges Unterrichtsprinzip für den jungen Geiger betrachten, dass Geige und Bogen nie aktiv "gegriffen" oder quasi dazu benutzt werden sollten, sich an ihnen festzuhalten. Die beteiligten Finger sollen weich formbar und in sich flexibel sein, der richtige Ansatz der beiden Daumen ist von grösster Wichtigkeit.

In der Geigen- und Bogenhaltung darf sich kein einziges Element des Körpers versteifen - dies gilt vor allem für Hände, Arme, Nacken und Schultern - die Armmuskeln sollten sich bei der Berührung immer weich anfühlen.

Das Violinspiel ist ein Balanceakt ohne irgendeine fixierte Stellung - deshalb meine Einwände gegen Schulterstützen, bzw. deren falschen Gebrauch. Desgleichen bin ich dagegen, die Schulter zum "Halten" der Geige zu benutzen - die Geige sollte stattdessen auf dem frei beweglichen Schlüsselbein ruhen, da das Schlüsselbein unabhängig von der Schulter gehoben werden kann. Mit andern Worten: keinem Element von Körper, Seele und Geist darf erlaubt werden, gleichsam zur festen Form zu gerinnen - irgendwo ein Hindernis für den musikalischen Fluss zu bilden.

Der andere essentiell wichtige Aspekt in der Musik ist das Improvisatorische. Keine Aufführung kann wirklich be-wegend sein, auch nicht die sogenannt buchstabengetreue Interpretation einer klassischen Komposition, wenn sie nicht vom "Hier und Jetzt"-Element der Improvisation durchdrungen ist, einem Moment der Direktheit, wie man ihn beispielsweise beim Autofahren hat.

In der Tat, man hat es mit einem lebendigen Organismus zu tun, und Volkers Vergleich mit dem Liebesakt (s.S. 62/63) ist korrekt. Man möchte sich wünschen, dass die Kriterien von Zärtlichkeit und Mitgefühl, von visionärer Klarheit und intuitiver Einsicht, wie sie Herz und Geist der "grossen Menschen" bestimmen - dass diese Kriterien genauso massgebend wären für die menschliche Würde von Mann, Frau und Kind. Deswegen ist das beispielhafte Vermitteln **wahrer**, entdeckender Interpretation so sehr wichtig - wahr dem Geist gegenüber, der sich hinter den Noten verbirgt, wahr der wirklichen Bedeutung der Musik gegenüber, zu der die Noten sich etwa verhalten wie versteckte Fingerzeige in einem Kriminalroman. Wenn dieser Prozess in einem Kind einmal angefacht ist, dann wird diese Flamme weiterbrennen und sich zum grossen Teil aus eigenen Ressourcen nähren: mit dem hohen Ziel vor Augen, einem Gefühl von Verpflichtung dem Werk gegenüber, von Treue zu sich selbst und von Liebe zur Sache.

Einführung

"...d.h. ich schreibe auf, unbekümmert, wie es zum Ganzen passen wird: denn ich weiss, es ist alles aus einem Grunde entsprungen."

Arthur Schopenhauer

Bei den nachfolgenden Texten handelt es sich um so etwas wie retuschierte Momentaufnahmen: aus der Erinnerung aufgeschriebene Vorträge, die anhand von stichwortartigen Notizen auf violinpädagogischen Kongressen in England, Deutschland und in der Schweiz gehalten wurden. Die drei Arbeiten vereinen also die Vor- und Nachteile "lauten Denkens": einerseits einen Hauch von Spontaneität und Improvisation, andererseits das Unsystematische und Vorläufige des gesprochenen Wortes.

Es kam bei diesen Gelegenheiten weniger auf die Präsentation abgeschlossener Theorien an als darum, die Zuhörer in eine gedankliche Bewegung miteinzubeziehen, ihnen Material zum Nachdenken und zur Diskussion zu liefern, Anstösse zu geben und auf produktive Weise "Anstoss zu erregen". Aus dieser Konstellation heraus erklärt sich die teilweise recht temperamentvolle und subjektive Aussage der Texte. Um ihre lebendig-unabgeschlossene Form so weit wie möglich beizubehalten, wurden bei der späteren Bearbeitung bewusst thematische Wiederholungen und verwandte Formulierungen in Kauf genommen.

Im Grunde handelt es sich um das **eine** Anliegen - ein "Tema con variazioni" -, welches von verschiedenen Seiten, mit jeweils andern Bezugspunkten und Verknüpfungen, ausgeleuchtet wurde.

Ich sehe mich vor allem als **praktischen** Musiker, der bisher wenig Zeit und Gelegenheit hatte, seine pädagogischen Erfahrungen schriftlich auszuformulieren. So sind diese Essays eher unzulängliche Versuche, etwas in Worten zu beschreiben, was für mich im Unterricht eine ziemlich alltägliche und oft wortkarge Angelegenheit ist. Der beschriebene Ansatz ist also kein Schreibtischprodukt und keine freundliche Utopie, sondern Resultat eines praktischen Erfahrungsweges, den ich gemeinsam mit Schülern und Spielpartnern gegangen bin.

Ein pfiffiges afrikanisches Sprichwort heisst: "Worte sind schön, aber Hühner legen Eier" - stets wurden diese Vorträge durch Live-Musik, Unterrichtsdemonstrationen und/oder Diskussionen über die vorgebrachten Thesen ergänzt; so blieb der praktische Bezug stets gewahrt.

Ich halte die in diesem Buch vorgebrachten Ideen übrigens ganz und gar nicht für revolutionär oder auch nur originell: Sie liegen seit Jahren in der Luft und haben auf anderen Lebensgebieten längst ihre Tragfähigkeit bewiesen.

Die Vorträge sind in gekürzter Form bereits in mehreren Fachzeitschriften erschienen und haben z.T. auch Kritik hervorgerufen. Vielleicht lässt sich durch ihr gemeinsames Erscheinen in Buchform der eine oder andere Widerspruch ausräumen. Letztlich geht es aber weniger darum, Skeptiker mit Argumenten zu überzeugen, als denjenigen Kollegen und Kolleginnen 'Schützenhilfe' zu geben, welche auf einem ähnlichen Weg sind. Vielen ist der von mir beschriebene Ansatz ja mehr oder weniger nah und vertraut; sie fühlen sich aber (wie ich selbst noch vor kurzer Zeit) angesichts der Autorität und unbestreitbaren Erfolge "offizieller" Schulen isoliert und unsicher mit ihren noch ungewohnten Vorstellungen. Solchen Kollegen ein wenig Bestätigung und Ermunterung zu geben ist letztlich das wichtigste Anliegen dieser Aufsätze. Franz Kafka schrieb sich einmal ins Tagebuch: *"Man liest in Büchern nur das, was man schon weiss"*. Mitten in die Arbeit an den Vorträgen platzten die Schriften des grossen Pädagogen Heinrich Jacoby. Was als eher zufällige Lesebekanntschaft begonnen hatte, entpuppte sich für mich als wichtigste musikalische Begegnung der letzten Jahre. Hier hatte jemand mit einfachen und sachlichen Worten, voll Wärme und Integrität, auf den Punkt gebracht, worum ich mich seit Jahren und auf vielen Umwegen bemüht hatte. Das weitere Vorgehen war mehr oder weniger ein "Arbeiten mit Jacoby", und so sehe ich die Aufsätze, welche ohne diese Begegnung wohl ganz anders "herausgekommen" wären, auch als willkommene Gelegenheit, nachdrücklich auf einen grossen Menschen und Künstler hinzuweisen, dessen Lebenswerk von der Fachwelt bisher ignoriert, präziser wohl: verdrängt wurde.

Hinzuzufügen ist noch, dass diese "unordentlichen" Texte als eine Art Vorspiel für eine grössere und disziplinierte methodische Arbeit gedacht sind, die in einiger Zeit erscheinen soll.

Volker Biesenbender
Dezember 1991

Inhaltsverzeichnis

1. Vortrag
Zur Ökologie des Violinspiels 15
Die künstliche Nachtigall 17
Technik und Musik 20
Die Ökologie des Violinspiels 26
Vom Einssein der Wirklichkeit 27

2. Vortrag
Plädoyer für improvisatorisches Lernen 37
Auf die eigene Stimme horchen 38
Inneres Empfinden zum Klingen bringen 42
Einseitiges Bild des Musizierens 45
Vom Improvisieren 46
Zusammenhänge ertasten 48
Prioritäten bewusst setzen 50
Verstand als Teil natürlicher Lebensfunktionen betrachten 55

3. Vortrag
Von der unerträglichen Leichtigkeit des Instrumentalspiels 61
Bewegungsfantasie anregen 63
Die unerträgliche Leichtigkeit 65
Vernetztes Bewegungssystem 66
Erleben statt einpauken 67
Funktionsbereitschaft erüben 69
Huhn oder Ei? 71
Ursache und Wirkung 73
Prioritäten setzen 74
Ohr und Auge 75
Körperbewusstsein fördern 78

Literatur zum Thema 80

"Die Wahrheit ist eben kein Kristall,
den man in die Tasche steckt,
sondern eine Flüssigkeit,
in die man hineinfällt."

Robert Musil (1880 - 1942),
"Der Mann ohne Eigenschaften"

Zur Ökologie
des Violinspiels

Vor einigen Jahren war ich zusammen mit einer Anthropologin im Innern Venezuelas. Hin und wieder hatte ich dort mit Menschen zu tun, die nur bis fünf zählen können, die keine Namen in unserem Sinne haben und noch kaum den Umgang mit Geld kennen. Ihre täglichen Beschäftigungen - Rudern im Einbaum, Waschen im Fluss, Zuschnitzen der Blasrohre usw. - kamen mir manchmal wie ein alltäglicher Tanz vor, ausgeführt mit Leichtigkeit, Eleganz und Ausgewogenheit. Jede Bewegung wirkte gelassen und genau, erfüllt von ruhiger Aufmerksamkeit und Zweckmässigkeit.

<small>Alltäglicher Tanz</small>

Nachdenklich zog ich Parallelen zu meinem eigenen Beruf: Könnte man nur in solch nüchterner Hingabe und Selbstverständlichkeit mit dem eigenen Arbeitsgerät umgehen wie diese Menschen mit ihren Jagdbögen, dann wäre man vermutlich ein Geiger von ziemlich hohem Rang. Schon oft hatte ich dies vage Gefühl gehabt, dass irgendetwas in meiner Ausbildung zu kurz gekommen war und dass manche Ausdrucksmöglichkeiten in mir wie verschüttet waren.

Solche Stimmungen und Sehnsüchte stecken heute sicher in vielen Musikern, ja es gibt sie vermutlich schon so lange wie es "klassische" Musik als Kulturgut gibt. Ich selber spürte meinen

Musikalischer "Vitaminmangel"

musikalischen "Vitaminmangel" immer besonders deutlich, wenn ich mit virtuosen Instrumentalisten aussereuropäischer Kulturen zu tun hatte. Wer sich mit der Musik Afrikas, Indiens oder Indonesiens befasst, wird ja bald einmal mit einer etwas ungemütlichen Tatsache konfrontiert: Deren einheimische Interpreten spielen uns in mancher Hinsicht glatt an die Wand! Ich hatte in den letzten Jahren öfter Gelegenheit, mit arabischen Musikern, mit einem Meistertrommler aus Ghana, mit phänomenalen südindischen Instrumentalisten zu musizieren; hinzu kamen Begegnungen mit Zigeunern und Volksmusikern aus Rumänien und Polen. Meistens war ich einfach hingerissen von der hypnotischen Klangqualität dieser Künstler, von ihrer rhythmischen Genauigkeit, ihrer lupenreinen Intonation und oft unfasslichen Geläufigkeit. Auch wenn man ihre Musik nicht immer verstand, war man als Zuhörer doch fasziniert von diesem scheinbar selbstverständlichen Zusammenspiel aus strenger musikalischer Gesetzmässigkeit und ergreifendem musikalischen Ausdruck.

Aussereuropäische Kulturen

Hypnotische Klangqualität

Ich sehe mich noch in Madras mit offenem Mund den indischen Geiger Subramanian anstaunen, als er mir, dem lästigen Europäer, vor einer gemeinsamen Konzertprobe einen kurzen Beweis seines Könnens gab: eine makellose Wiedergabe der fünften Paganini-Caprice, gespielt in traditionell indischer Geigenhaltung - auf dem Boden hockend, die Geige fast senkrecht nach unten auf die Fussknöchel gestützt. Solche musikalischen Begegnungen forderten natürlich wichtige Fragen heraus: Lässt sich nicht irgend etwas von dieser pulsierenden Energie und Unmittelbarkeit für das eigene klassische Spiel erobern? Könnte man irgendwo bei diesen aussereuropäischen Künstlern in die Schule gehen, ohne gleichzeitig die eigenen musikalischen Wurzeln zu verleugnen?

Musikalische Wurzeln

Gewichtige Einwände fanden sich natürlich sofort. Unsere abendländische Musik ist charakterisiert durch Logik und Systematik; sollte dann nicht auch unser musikalisches Lernen planvoll, rational, in systematischen Lernschritten geordnet sein? Wer hat denn je einen Zigeuner anständig Bach spielen hören? Wie würde vergleichsweise ein japanischer Koto-Spieler mit einem Beethoven-Quartett fertig?

Nun, solche Fragen sind sicher nicht einfach zu beantworten, immerhin darf man zweifelsfrei feststellen: Unser methodischer Weg ist nicht der einzig denkbare Ansatz, um gut Geige spielen zu lernen! Musiker wie Subramanian, die relativ problemlos europäische Musik in ihre traditionell indische Spieltechnik integrieren (wie es andersherum aussah, möchte ich lieber nicht beichten!), haben mir etwas Wichtiges klar gemacht: Unsere klassischen Ausbildungsmethoden sind zwar eine äusserst nützliche und erfolgreiche Möglichkeit, ein Instrument zu erlernen - aber eben nur *eine* von vielen.

<small>Möglichkeiten des Lernens</small>

Die künstliche Nachtigall

Wir Musiker gehen im allgemeinen davon aus, dass der traditionelle, systematisch geregelte, Studiengang von Musikschule und Konservatorium letztlich doch Grundvoraussetzung für jedes ernstzunehmende geigerische Können ist. Dabei übersehen wir aber eines: Unsere traditionellen Spielanweisungen und Bewegungsmodelle, unsere Schulen, unsere Etüden- und Methodikbände sind "Kinder" ihrer Epoche, bedingt und abhängig von den Grundanschauungen ihrer Entstehungszeit. So ist beispielsweise die detailfreudige Systematik der Violinschulen von Leopold Mozart (1719-1787), Francesco Geminiani (1680-1762), Giuseppe Tartini (1692-1770) usw. kaum denkbar ohne die Luft von Rationalismus und Aufklärung. In dieser Epoche entstanden ja nicht nur herrliche Schlösser und himmlische Musik, sondern auch das erste Exerzierreglement für Soldaten, und eines der Lieblingsbücher der gebildeten Stände war damals: "L'Homme machine" von Julien Lammetrie (1709-51). Im klassischen Ballett etwa, in den stilisierten Regeln der Fechtkunst, in der perfekten Dressur der spanischen Hofreitschule, in den zu symmetrischen Formen zurechtgestutzten Parks lässt sich nachverfolgen, wie es in jener Zeit als erstrebenswertes Ideal angesehen wurde, naturwüchsiges Leben nach Möglichkeit auszuschalten und soweit wie möglich durch eine regulierbare Ordnung zu ersetzen. Auch aus den damaligen Instrumentalschulen spürt man diesen geradezu leidenschaftlichen Glauben an eine strenge mechanistische Ordnung, in der sich alle Lebenser-

<small>Detailfreudige Systematik</small>

<small>Regulierbare Ordnung</small>

scheinungen, reduziert auf ihre Grundbausteine, aus der Anordnung und Bewegung ihrer Teile erklären lassen. *"Habe ich die wahre Methode, dann habe ich die Sache"*, war ein beherrschendes Motto des 18. Jahrhunderts.

<small>Geist und Körper</small>

Etwas von der damaligen Stimmung lässt sich mit einigen Leitsätzen René Descartes (1596-1650) gut wiedergeben: *"Der Körper enthält nichts, was dem Geist zugeordnet werden könnte, und der Geist beinhaltet nichts, was zum Körper gehörig wäre ... Ich sehe keinerlei Unterschied zwischen Maschinen, die von Handwerkern hergestellt wurden und den Körpern, die allein die Natur zusammengesetzt hat ... In Gedanken vergleiche ich einen kranken Menschen und eine schlecht gemachte Uhr mit meiner Idee von einem gesunden Menschen und einer gut gemachten Uhr."*

Überträgt man nun diese Sicht der Dinge auf das Erüben einer musikalischen Fertigkeit, dann kommt man vergleichsweise zu folgendem Vorgehen: Um die schwierige und komplexe Kunst (denn alles was zerlegt ist, wird ja sofort recht kompliziert) des Violinspiels zu erlernen, teile man den Musiziervorgang in zwei genau voneinander abzugrenzende Bereiche - in einen künstlerisch-ästhetischen und einen handwerklich-manuellen Teil. So schreibt etwa Rudolf Kreutzer (1766-1831): *"Die Violine ist ein schweres Instrument, wo das kleinste Versehen die grössten Fehler nach sich zieht; man kann daher das Studium des Mechanischen Anfängern nicht genugsam empfehlen ... Ehe sie sich an den Ausdruck wagen, müssen sie sich gänzlich dem Studium des Mechanischen widmen."*

<small>Funktionsmodell</small>

In dieser Sichtweise lassen sich die geigerischen Bewegungen des Körper*apparats* also problemlos vom musikalischen Prozess trennen, präzis vorausplanen und mehr oder weniger isoliert einüben. Geigerisches Können erwirbt man sich, indem man das von einem Lehrer oder einer Violinschule vorgeschriebene Funktionsmodell beobachtbarer Körperbewegungen gewissenhaft übernimmt und anhand dieser Vorstellungen von *richtigen* Spielabläufen seinen Organismus durch wiederholendes und automatisierendes Training auf dieses Ideal hin ausrichtet. Dieser manuelle Aspekt des Musizierens, *Technik* genannt, zerfällt beim Streichinstrumentenspiel wiederum in zwei Unterabteilungen: in Bogentechnik und

Technik der linken Hand. Diese werden nun ihrerseits in zahlreiche Teilgebiete mit verschiedenem "Know-how" und spezifischem Übungsmaterial gegliedert in Triller-, Lagenwechsel-, Vibrato-, Martelé-, Sautillé-, Spiccatotechnik usw. Bei konsequenter Anwendung dieser Betrachtungsweise - ich denke an Otakar Sevcik, oder an D.C. Dounis - ist der bewegungsmässige Aspekt des Violinspiels nicht viel mehr als die Summe von unzähligen automatisierten Einzelaktionen aus Griff, Stellung und Haltung.

Dies ist, im alltäglichen geigerischen Sprachgebrauch, die *gesunde technische Basis*, auf der sich dann der *schöne Ton*, die korrekte *Phrasierung* und last not least, der *persönliche Ausdruck* entfalten sollen. So verwandelt sich der Prozess lebendigen Musizierens (zumindest auf dem Papier) im Lauf der Jahrhunderte immer mehr in einen Kanon komplexer Bedienungsregeln. *Technik zu haben* bedeutet dann: ein sich im Laufe des Studiums langsam füllendes Arsenal an Fertigkeiten und Kenntnissen zu besitzen, die jeweils für den konkreten Bedarfsfall abgerufen werden können. Diese mühsam erworbenen Fähigkeiten sind allerdings ständig in Gefahr, wieder verloren zu gehen - sie müssen durch tägliche Fingerübungen, Tonleitern, Bogenexerzitien auf dem neuesten Stand gehalten werden, und ein wichtiger Teil der geigerischen Arbeit dient der Wartung technisch/motorischer Abläufe.

    Komplexe Bedienungsregeln

Im Hintergrund unserer unbewusst verinnerlichten Spaltung des Musiziervorganges in die Kategorien *Technik* und *Musik*, welche einen berühmten Klavierpädagogen vor 150 Jahren empfehlen liess, man solle bei den Fingerübungen nur ruhig die Zeitung lesen oder seine Pfeife rauchen, steht natürlich die sich im 18. und 19. Jahrhundert immer krasser ausformulierende Spaltung der Lebenswirklichkeit in ein streng getrenntes Innen und Aussen, in Geist und Stoff, Mensch und Umwelt, in einen naturhaften und einen intellektuellen Wesensteil des Menschen. Hier eine nach präzisen mechanischen Gesetzen funktionierende Aussenwelt, dort der souveräne Geist, der sein Objekt von aussen beeinflusst und manipuliert. Hier die (recht beschränkten und ungeschickten) Bewegungsglieder - dort eine wache Intelligenz, die meint, den Körper zum

    Spaltung der Lebenswirklichkeit

Erlernen eines Musikinstruments systematisch programmieren und dressieren zu müssen.

Technik und Musik

Auch wenn die alten Drillschulen heute weitgehend verschwunden sind: Die gedanklichen Grundlagen sind m.E. mehr oder weniger die gleichen geblieben - wenn wir es differenziert betrachten, ist unsere Schulmethodik immer noch so etwas wie eine detaillierte Gebrauchsanweisung für ein besonders kompliziertes technisches Gerät: für den Menschen!

Moderne Schulmethodik

Im Untertitel der von D.C. Dounis 1943 verfassten, noch heute vielbenutzten *"Künstlertechnik des Violinspiels"* sind einige wichtige Grundakkorde unserer Zeit angeschlagen. Das Werk wird folgendermassen vorgestellt: *"Eine neue **wissenschaftliche** Methode, um in **kürzest** möglicher Zeit eine **absolute Meisterschaft** über die höheren technischen Schwierigkeiten der linken Hand und des Bogens zu erzielen."*

Auch wenn wir solchen Vorstellungen vom völlig durchrationalisierten Violinstudium heute eher skeptisch gegenüberstehen: Wir gehen letztlich immer noch aus von diesem Bild grösstmöglicher Kontrolle, von der selbstverständlichen Vorstellung, dass der befehlende Verstand gleichsam zu strategischen Operationen gegen den Körper eingesetzt werden muss.

Befehlender Verstand

Nun stelle ich mir die Verfasser unserer klassischen Violinlehren natürlich nicht als dürre Oberlehrer vor, die voller Lust am Zergliedern und Systematisieren alles und jedes in ihren starren Begriffsrahmen einpassen wollten. Sicher waren die meisten von ihnen Vollblutmusiker und -pädagogen, die keinen anderen Wunsch hatten, als ihren Schülern und Lesern das Rüstzeug für lebendiges und aktuelles Musizieren mitzugeben. Trotzdem: Leopold Mozart, Louis Spohr (1784-1859) und Rudolf Kreutzer waren, nicht anders als Carl Flesch (1873-1944) oder Ivan Galamian (*1903), Menschen *ihrer* Zeit, die sich der *ihnen* zugänglichen Erkenntnismöglichkeiten bedienten. Wenn wir uns heute befreien wollen von manchen geschichtsbedingten Verkrustungen unserer Instrumentalpädagogik, dann können wir uns kaum einen besseren Dienst erweisen, als uns zuerst einmal der Bedingtheit unserer eigenen Denkgewohnheiten bewusst zu werden.

Zusammenfassend möchte ich die These wagen, dass letztlich alle traditionellen Violinlehren ein Ergebnis der oben beschriebenen Spaltung sind. Auf der Grenze zwischen den eng unterteilten Bezirken *Technik* und *Musik* patrouillieren die Geigenlehrer der Vergangenheit und Gegenwart; damals wie heute auf Trennung bestehend: *"Entweder man übt oder man musiziert. Tut man beides, kommt keines zu seinem Recht ... überhaupt müssen wir von der Überzeugung durchdrungen sein, dass wir nur aus Nützlichkeitsgründen, aber niemals ... zu unserem Vergnügen technische Übungen machen dürfen."* (Carl Flesch in "Schule des Violinspiels"). Üben oder musizieren?

Die grandiosen Erfolge unserer modernen Unterrichtsmethoden sind allerdings nicht zu leugnen: Das allgemeine geigerische Niveau ist in den letzten 70 Jahren geradezu schwindelerregend gestiegen, und Meister Sevcik hat sicher einige Berechtigung zu seiner selbstbewussten Behauptung: *"Nach meiner Methode muss jeder Idiot eine gute Violintechnik bekommen."* Andererseits mehren sich die kritischen Stimmen, welche die Beseeltheit, Lebenswärme und künstlerische Unmittelbarkeit älterer Musikergenerationen vermissen. Der Dirigent Thomas Beecham (1879-1961) fasste ein allgemeines, tiefsitzendes Unbehagen treffend zusammen: *"Noch nie hatten wir so zahlreiche Musiker mit perfekter Technik, aber auch noch nie eine derartige Menge an langweiligen Interpreten."*

Künstlerische Unmittelbarkeit

Stehen aber unsere modernen Lehrmethoden und der angebliche künstlerische Substanzverlust tatsächlich im direkten Verhältnis zueinander? Hat Nicolaus Harnoncourt (*1929) wirklich recht mit seiner bissigen Bemerkung, an den Hochschulen würde nur noch *"das technokratische Skelett der Musik ohne Leben"* gelehrt? Oder ist die angebliche Erosion musikalischer Qualitäten vielleicht eher ein Ergebnis der industriellen Entwicklung, des Einflusses der Medien, des allmählichen Verblassens musikalischer Traditionen? Carl Flesch, Vater der von ihm so genannten *"analytischen Schule"*, sieht keinen direkten Zusammenhang zwischen Lernmethode und künstlerischem Ausdruck. Allerdings vermisst auch er *"Herzenstöne"* bei seinen Studenten und schreibt: *"Sollte es so sein, dass die neuen*

Erosion musikalischer Qualitäten

Schulen einer Geigergeneration technische Vollkommenheit mitgeben, die ihre Instrumente für wirklich wertvolle Zwecke nicht zu benutzen imstande ist?" Wilhelm Furtwängler (1886 - 1954) kommentiert dann aber die modernen Ausbildungsmethoden folgendermassen: *"Die grössere technische Korrektheit und Kontrolle, die erreicht wird, ersetzt nicht den Mangel an Inspiration, hat aber verhängnisvolle Folgen für das Musizieren. Die übermässige technische Kontrolle d.h. die gleichmässig durchgeführte technische Vollendung aller Einzelheiten, die als solche einen ganz anderen Aspekt bieten als sie von ihren Schöpfern, die sie vom Ganzen aus dachten, gemeint waren, verhindert die geistige Bindung derselben zum Ganzen. Der Darstellende lebt dadurch nicht mehr unmittelbar mit, sondern verhält sich in steigendem Mass kontrollierend, beobachtend, arrangierend... Er verliert damit nicht weniger als das sichere Gefühl für Notwendigkeit und Wahrhaftigkeit des künstlerischen Ablaufes. Eine als Selbstzweck erworbene Technik lässt sich schwer beeinflussen, beeinflusst aber ihrerseits. Standardisierte Technik schafft rückwirkend standardisierte Kunst, die - zum allgemeinen Erstaunen - im selben Mass, wie sie gekonnter wird, immer überflüssiger zu werden scheint."*

> Mangel an Inspiration

Furtwängler geht also - wie übrigens so mancher Musiker des 19. und 20. Jahrhunderts - davon aus, dass das *isolierte*, vom Klang und Ausdruckswillen getrennte Technische, eine Art destruktiver Eigendynamik entwickelt, welche andere Bereiche verdrängt.

> Destruktive Eigendynamik

Wie andere wache Zeitgenossen nehmen auch wir Instrumentalpädagogen die Normierung des Alltags, die schleichende Zerstörung der Umwelt, den Verlust an Lebensfarben und Vielfalt kritisch zur Kenntnis. Sind wir uns aber genügend bewusst, dass wir beim Unterrichten und Musizieren selbst oft nach einer vergleichbaren Logik technischen Funktionierens vorgehen? Richten wir nicht unsere Methoden, oft mehr als es der Musik guttut, nach technischen Kriterien wie kurzfristige Effizienz, Wiederholbarkeit, Kontrolle? Haben nicht wir selber gelegentlich die Neigung, mechanische Modelle auf Lebendig-Prozesshaftes zu stülpen und untrennbar Zusammengehöriges analytisch zu zersplittern?

Vielleicht ist es dann auch nicht völlig an den Haaren herbeigezogen, wenn wir die langfristigen Konsequenzen mancher Unterrichtskonzepte mit jener Art von "unbeabsichtigten Nebenwirkungen" in Verbindung bringen, denen wir heute auf so vielen Lebensgebieten begegnen. Hört man sich etwa Schallplatten aus den zwanziger Jahren an, dann kann man das Empfinden haben, dass seither auch im *musikalischen* Bereich Artenreichtum und Nuancenvielfalt verlorengegangen sind: Die Energie des lebendig erfüllten Moments, die Qualität des Spontanen und Unerwarteten, subtile Klangfarben, Ausdrucksschattierungen, agogische Feinheiten - wegrationalisiert, nicht zuletzt **auch** durch eine Instrumentalbildung, die das Technische möglichst eindeutig vom künstlerischen Prozess trennt.

Diese vieldiskutierten Tendenzen sind ja nur Aspekte einer allgemeinen kulturellen Entwicklung, deren Rad nicht zurückzudrehen ist. Trotzdem bemüht man sich zur Zeit auf vielen Lebensgebieten um Alternativen, die modernes Denken und überliefertes Erfahrungswissen sinnvoll miteinander verknüpfen wollen. Ist Ähnliches auch für uns Instrumentalpädagogen denkbar? Alternativen suchen

Ich möchte noch einmal auf die Tatsache zurückkommen, dass es in aussereuropäischen Kulturen auf breiter Ebene Musiker gibt, deren technische Fähigkeiten selbst manche unserer grossen Virtuosen in den Schatten stellen. Man sollte natürlich nicht der Gefahr erliegen, solche höchst unterschiedliche Musizierweisen in einen Topf zu werfen und dem rationalistischen Westen als "die" Alternative vorzuhalten. Man kann aber zur Kenntnis nehmen, dass diese Musiker *etwas* gemeinsam haben: Ihre Haltung zum Instrument unterscheidet sich grundlegend von der unsrigen. Ich möchte einmal zu beschreiben versuchen, wie ich sie empfunden habe: Die meisten dieser Künstler scheinen mir beim Spiel wie getragen von einer Energie, die allen Bewegungsabläufen den Eindruck von absoluter Notwendigkeit und Richtigkeit verleiht. Musiker, Instrument und Klang wirken beim Spiel wie ein unlösliches Ganzes: Körperliche und klangliche Geste, Eindruck und Ausdruck scheinen ineinandergewachsen; alle seelisch-körperlichen Energien wirken jeweils völlig gebündelt auf das Ziel hin. Nie scheint auch nur ein Bruchteil zuviel Kraft investiert; da ist keine Härte, kein Stau, kein Zögern zu bemerken. In musikalisch besonders dichten Momenten entsteht das Gefühl, als ob das Instrument auf den Musi-

Marginalia: Haltung zum Instrument; Keine Härte, kein Stau, kein Zögern

kern spielt; sie selber wirken dann gleichsam als Organe eines überpersönlichen Klang- und Bewegungswillens.

Am eindrucksvollsten erlebe ich dies bei einem afrikanischen Freund und Spielpartner, der während seiner Konzerte mit seinem Instrument regelrechte Dialoge führte. So spielte er etwa eine bestimmte Klangfolge, horchte einen Moment lang intensiv, nickte dann zustimmend, schmunzelte oder verzog sein Gesicht in besorgte Falten: Der "Geist" der Trommel hatte ihm geantwortet.

Dieser Freund, ein Dorfmusiker aus Ghana, brachte es fertig, sich wie ein perfektes Chamäleon zwischen den verschiedenen Kulturen hin- und herzubewegen. Er war noch tief verbunden mit der für uns so fremden Welt Afrikas - ein wunderbarer Erzähler, der es liebte, von seinen Begegnungen mit Naturgeistern, Tierdämonen und den Seelen von Gestorbenen zu berichten. Eines Tages hatte er sich plötzlich entschieden, er müsse die westliche Welt kennenlernen. So lieh er sich Geld, nahm ein Flugzeug nach Europa und studierte ein Jahr danach Harmonielehre und Kontrapunkt. In vielen Gesprächen und Sessions wurden mir mit der Zeit einige unserer kulturbedingten Verschiedenheiten klar. Hier das immer zögernde, nach-denkende intellektuelle Bewusstsein, welches das Objekt seines Denkens und Handelns fast sofort in ängstliche Distanz von sich bringt, um es erst einmal beobachten, begreifen, verarbeiten zu können. Dort mein Freund mit seiner vibrierenden Gegenwärtigkeit: eine Art teilhabendes, mitschwingendes, austauschendes Bewusstsein, das nur wie durch eine dünne Membran vom "Rest der Welt" getrennt zu sein schien; ein Lebensgefühl, das selbstverständlich einverwoben war in die Ordnung der Natur und deren Energien. Eine Kunstfertigkeit zu üben, eine ungewohnte Situation zu meistern, eine Sache genau kennenzulernen, bedeutete für ihn Mitschwingen, Aufgeben versteckter innerer Widerstände, weniger Aus-einander-setzung und kritische Distanz, sondern Resonanz. Virtuos musizieren zu lernen hiess für ihn, einen Dialog mit einem beseelten Wesen führen, dessen Willen immer wieder neu und sensibel abzuhorchen war. Das stundenlange versunkene Üben meines Freundes schien hauptsächlich darin zu bestehen, der Musik Gelegenheit zu geben, ihn, den Spieler, zu verwandeln und

Intellektuelles Bewusstsein

Dialog mit einem beseelten Wesen

umzuformen. Lernen war für ihn eine Art einsickernder, einverleibender Vorgang, um den man sich am besten nicht allzusehr kümmerte: *"Was Du wirklich lernst, kannst Du nicht wegtragen. Es löst sich in Dir auf wie Zucker im Tee. Es wird zu Dir und ändert Dich."*

Nun habe ich im Zusammenspiel mit meinem Freund sehr deutlich erfahren, dass ein solches, aus der völligen Identifizierung mit dem Instrument bestehendes Musizieren - eine Spielweise, die unbefangen und selbstverständlich auch mit der Teilnahme geistiger Mächte und Naturkräfte rechnet - für uns Europäer kaum nachvollziehbar ist. Unser Sprung ins Exotische endet meist mit einer bösen Bruchlandung. Trotzdem oder gerade deswegen sollten wir uns mit dem Selbstverständnis dieser fremden Musiker auseinandersetzen. Wenn wir als "gedankenschwere", rational empfindende Menschen ernsthaft nach Möglichkeiten suchen, an die musikalische Unmittelbarkeit solcher Künstler anzuknüpfen, dann müsste man ungefähr fragen: Ist es möglich, Elemente eines ehemals auch bei uns vorhandenen ganzheitlichen Lebensgefühls durch unser Bewusstsein *wiederzuerobern*, nun aber ergänzt durch ein klares methodisches Wissen? Geistige Mächte
Naturkräfte

Liesse sich dieses Einheitserlebnis meines afrikanischen Freundes, sein völlig unverstellter Kontakt zum Instrument, sein selbstverständliches Vertrauen, sich *von der Musik selbst* führen zu lassen, nicht als Lernziel vorstellen: sich ganz *bewusst* vom Klang und vom Instrument selbst leiten zu lassen? Könnten wir - hellwach und bewusst - realisieren, was diese Menschen eher instinktiv und selbstverständlich zu leisten scheinen? Unverstellter
Kontakt zum
Instrument

Eine vergleichbare Fragestellung ergibt sich auch aus der uns allen in irgendeiner Form vertrauten "Wunderkinderproblematik": Wie lässt sich die traumwandlerische Bewegungssicherheit eines talentierten Schülers über die Bewusstseinsschwelle, die sich in der Pubertät in den Weg stellt, retten, wenn alle geigerischen und musikalischen Sicherheiten zu zerbrechen drohen?

Yehudi Menuhin berichtet in seiner biografischen Rückschau sehr anschaulich, wie er dieser kritischen Situation u.a. durch eine genaue Analyse aller Bewegungsvorgänge zu begegnen versuchte. Liesse sich nicht *auch* denken, dass ein Violinlehrer in diesem schwierigen Moment mit seinem Schüler daran arbeitet, *diejenigen Kräfte, welche diesem vorher unbewusst und selbstverständlich zur Verfügung standen, nun bewusst spielen zu lassen* - sich ihrer selbstregulierenden Ordnungen in immer neuen spielerischen Experimenten innezuwerden?

Kehren wir für einen Moment zurück zu unserem afrikanischen Freund und fragen: Gibt es in unseren eigenen kulturellen Zusammenhängen irgendwelche Anknüpfungspunkte, anhand derer sich sein Zugang zum Musizieren verstehen liesse? Könnte man dort Gesetzmässigkeiten finden, die uns vergleichbare methodische Hilfen bieten würden, wie das mechanistische Modell?

Die Ökologie des Violinspiels

Ich verwende hier den allgemeinen Begriff Ökologie, um eine Art gemeinsamen Nenner zu finden für die vielfältigen Denkanstösse, die uns heute erneut hinweisen auf den lebendig - organischen Zusammenhang aller Lebensgrundlagen. Ich sage bewusst *erneut*, denn die Überzeugung, dass unsere Welt nicht ein beziehungsloses Nebeneinander aus fixierten Objekten und mechanischen Systemen ist, sondern so etwas wie eine wunderbar sinnvolle Partitur mit zahllosen kontrapunktisch verflochtenen Stimmen, war früher die selbstverständliche Grundlage aller Kulturen.

Lebendig organische Zusammenhänge

Das überlieferte "Teile und Herrsche" unseres mechanistischen Weltbildes wird heute überhöht von einer Grundvorstellung, welche die Welt als ein enges Zusammenspiel von Strukturen und Prozessen sieht, die über alle Gegensätze hinweg in einem fliessenden Gleichgewicht sind. Dies bedeutet vereinfacht ausgedrückt: Die Welt wird als ein Feld von Beziehungen gesehen. Daraus kann eine Betrachtungsweise wachsen, die uns zumindest in Ansätzen befähigt, die grundlegende Abhängigkeit aller Dinge und Ereignisse zu berücksichtigen und gleichzeitig dem Prozesshaften, Unabgeschlossenen, Fliessenden der Wirklichkeit so gut wie möglich Rechnung zu tragen. Eine Technik, sei es eine Verfahrenstechnik, eine Denkmethode oder eine Bewegungstechnik, wie beim Violinspiel, verdient erst dann die Bezeichnung "ökologisch", wenn sie zum Ziel hat, im Einklang mit den differenzierten Rhythmen der Natur

Zusammenspiel von Strukturen und Prozessen

Im Einklang mit der Natur

zu handeln und sich auf sie einzuschwingen - wenn sie auf eine Weise eingesetzt wird, dass sie *aus diesen Rhythmen selbst* ihre Effektivität und ihren Nutzen zieht. Weil der Verstand zwar ein Teil der Natur ist, die Prozesse der Natur sich aber nicht in allen Aspekten in ihm widerspiegeln, wird sich ein ökologischer Ansatz im Instrumentalunterricht darum bemühen, auch die natürliche Intelligenz des Körpers zu berücksichtigen, aus der Erkenntnis heraus, dass der menschliche Organismus letztlich die gleiche angeborene Weisheit wie das Ökosystem der Natur besitzt. Auch als Instrumentalist wird man dann eine Art respektvollen Vertrauens gegenüber den sich selber regulierenden Kräften des Organismus entwickeln, um dessen natürlichen Tendenzen auch bei schwierigeren Bewegungsaufgaben geschickt und sensibel folgen zu können. Eine solche "organlogische" Technik wird auf die Strukturen und Tendenzen des Lebendigen so von innen heraus einzugehen lernen, dass sie dann vergleichsweise nur ein Minimum an Energie aufwenden muss, um überzeugende Resultate zu erzielen. Alan Watts (1917-74) schreibt: "...*wenn wir jedoch den gesamten Verlauf der inneren und äusseren Erfahrung des Menschen als ein organisch reguliertes System betrachten, muss das Prinzip der Kontrolle ein gänzlich anderes sein.*"

Angeborene Weisheit

Vom Einssein der Wirklichkeit

Ich möchte Ihnen an einem von vielen denkbaren Beispielen zu zeigen versuchen, wie die selbstverständliche Überzeugung vom Einssein der Wirklichkeit sehr konkrete und handfest überzeugende Resultate auch beim Erlernen praktischer Kunstfertigkeiten hervorbringen kann. Ich denke dabei an traditionelle östliche Kampfkünste wie Judo oder Karate. Aus der Erfahrung heraus, dass die körperlichen Energien des Einzelnen und die universellen Energien der Natur demselben "Verbundsystem" angehören - der Energiefluss des Körpers gleichsam die genaue Widerspiegelung eines kosmischen Geschehens ist, lernt der Schüler, in jahrelangem strengem Training, diese Energien in höchster Vollendung und Zweckmässigkeit zu nutzen, indem er sich ihnen mit den entsprechenden Körperformen und -bewegungen eingliedert, sich ihnen anvertraut. Der Körper stellt sich durch beharrliches Üben gleichsam auf eine

Körperliche Energien

überpersönliche Frequenz ein, dadurch entsteht mit der Zeit eine Art Schwingungsgleichheit zwischen innen und aussen. Obwohl es sich bei diesem Training letztlich um eine Art geistiger Übung handelt, geht es doch immer um sehr konkrete Dinge: um das Besiegen eines Gegners durch die Fähigkeit, die Schwerkraft als Energie wie einen Wind oder eine Strömung zu lenken; es geht um die Kultivierung von Haltung ohne Starre, Festigkeit ohne Härte, Weichheit ohne Schwäche.

Übereinstimmung mit dem Ganzen

Technik zu haben bedeutet hier also nicht einen festen Schatz an erworbenem Können und Kennen zu besitzen, sondern die Fähigkeit, alles abzustreifen, was der Übereinstimmung mit dem Ganzen hinderlich ist. Als Nebenprodukte des Übens in diesem Sinne entstehen dann oft Leistungen, die auf uns geradezu übernatürlich wirken.

Selbstverständlich möchte ich Sie hier nicht dazu einladen, Elemente solcher Schulungswege blindlings in den Instrumentalunterricht einzubringen. Obwohl heute kaum ein violinpädagogischer Vortrag ohne bedeutsame Erwähnung von Herrigels "Zen in der Kunst des Bogenschiessens" auszukommen scheint, vermute ich doch, dass man nicht einfach einen östlichen, im Regelfall streng ritualisierten Übungsweg auf unser völlig anderes Lebensgefühl und Körperempfinden übertragen kann. Ich meine aber, angesichts einer solchen überzeugenden Demonstration von Leichtigkeit, Eleganz und Spontaneität sollte man auch hier versuchen, *in unserer*

Eigene Wurzeln suchen

eigenen Kultur nach vergleichbaren Wurzeln zu suchen: Wie müsste ein instrumentales Lernen aussehen, welches bewusst und gezielt von der *Einheit* Spieler-Instrument-Musik ausgeht, sich an den Prozessen orientiert, die sich aus der gegenseitigen Verflechtung dieser drei Elemente ergeben?

Wie kann ich meine Körperorganisation durchlässig genug machen, dass sie noch bei der subtilsten geigerischen Bewegung - nicht viel anders als beim Treppensteigen oder Radfahren - ihre Ordnungs- und Ganzheitsprinzipien von selbst präsentiert?

Wie kann ich dieses natürliche Wissen meines Körpers sanft hervorkitzeln und ihm genügend Entfaltungsmöglichkeiten geben, damit es den Eigenschaften von Musik - fliessende Bewegung,

Veränderung in der Zeit, ungebrochene Kontinuität - angemessen entsprechen kann?

Kann man, ausgehend von der untrennbar körperlich-seelischen Einheit des Musizierens, Wege finden, um Blockaden, Verkrustungen, Spannungen aufzulösen, die wir gewöhnlich entweder einer falschen Technik oder einer unglücklichen psychischen Veranlagung zuordnen?

Liesse sich ein Zugang zur Musik finden, von dem aus wir ein Werk - mehr als heute üblich - von innen heraus mitvollziehen, es bewohnen, uns von ihm womöglich irgendwo verändern lassen?

Ein an solchen und ähnlichen Fragen orientierter Ansatz würde vor allem etwas zu vermitteln versuchen, das ich Augenblicks- oder Gegenwartsfähigkeit nennen möchte. Geigerisches Können wäre dann: aus der subtilen Vertrautheit mit dem Instrument in jedem Moment angemessen und zweckmässig auf die Anforderungen eines musikalischen Ablaufs reagieren zu können. Eine derartige Auffassung von technischem Können würde, um einige Beispiele zu nennen, den ungestörten gleichmässigen Bewegungsfluss angesichts überraschender Widerstände beinhalten und die wache Bereitschaft, die Dinge behutsam im Sinne *ihres eigenen Rhythmus* zu beeinflussen. Es ginge generell weniger um die Frage: Was muss ich machen, planen, einrichten, als darum, immer feinfühliger *wahr*zunehmen, was während des Spiels geschieht, geschehen *will*. Technisches Studium in diesem Sinne würde dann seine Akzente weniger als üblich auf die gezielte Programmierung von Griff, Haltung und Bewegungsfolge setzen als etwa auf das Training (in seiner ursprünglichen Bedeutung: Aufschliessen) von Reaktionsvermögen, Gleichgewicht und sinnlicher Empfänglichkeit - es wäre eher so etwas wie eine "Schule der Gelassenheit": eine Methodik des Annehmens und sich Überlassenkönnens, des sich Einschwingens und Einstimmens, des Erhorchens, Ertastens, Entdeckens und Freilegens von Fähigkeiten, die von Anfang an in uns angelegt sind. Die Aufgabe eines Instrumentallehrers würde unter solchen Vorzeichen eher darin bestehen, mit dem Schüler, gleichsam wie ein homöopathischer Arzt, ins Stocken geratene Naturvorgänge anzuschieben und dem Lernenden zu helfen, sich in Zusammenhänge bewusst einzupas-

Margin notes: Zweckmässig reagieren; Sinnliche Empfänglichkeit

sen und sich von ihnen belehren zu lassen: vom angeborenen Wissen seiner Körperorganisation, vom Klangwillen der Geige und der Ausdrucksintention des Musikstücks. Viele Aspekte der Musik (und des musizierenden Menschen), die wir sonst eher vernachlässigen, weil sie in unser Lehrgebäude aus technischen und musikalischen Fertigelementen nicht so recht hineinpassen, könnten in einer ökologisch orientierten Sichtweise vermutlich eine, auch wissenschaftlich haltbare, Erklärung finden. Nämlich diejenigen Aspekte, welche sich letztlich nur aus Zusammenhang und Beziehung von allem, mit allem erschliessen lassen.

Zusammenhang und Beziehung von allem mit allem

Ich denke z.B. an *die* Bereiche in der Musik, die sich aus ihren prozesshaften Eigenschaften ergeben: an das, was sich als lebendige Klangenergie zwischen den Tönen, als Spannungsverlauf zwischen den Akkorden, zwischen den thematischen und rhythmischen Motiven abspielt. Ich denke beim Geigerisch-Handwerklichen etwa an die genauen Entsprechungen von musikalischen und bewegungsmässigen Gesten, von *innerem* und *äusserem* Hören, von seelischen und körperlichen Blockaden; an das wohlkoordinierte Zusammenspiel von "gemachten" und "gelassenen" Spielbewegungen, an die **Gemeinsamkeiten** von, sagen wir, Vibrato-, Lagenwechsel- und Trillertechnik, die **Wechselwirkung** zwischen Intonation, Klangfarbe und Klangqualität; die Zusammenhänge etwa zwischen gelöstem Atem, labilem Gleichgewicht und der Präzision von Fingerbewegungen; zwischen Improvisationsbereitschaft, Spielfreude, körperlichem Wohlgefühl usw. Ich denke auch an die "Resonanzgesetze" zwischen Kammermusikpartnern, an die "Energieübertragung" vom Spieler auf die Zuhörer, an den Wirkungskreis aus Komponist, Interpret und Publikum.

In einer ökologisch orientierten Betrachtungsweise ist die Geigenhaltung *auch* Ausdruck innerer Haltung, Gleichgewichtigkeit der Bewegungen hat *auch* zu tun mit seelischem Gleichgewicht, die Qualität des Klanges ist *auch* Spiegel eines sinnlich aufgeschlossenen entspannten Körpers; Haltung wird als Aspekt von Gleichgewicht verstanden, Gleichgewicht als Aspekt präziser Sinneswahrnehmung, diese wiederum als Funktion ungestört arbeitender Bewegungsfunktionen usw. Viele dieser Gesetzmässigkeiten benutzen wir ja im Unterricht mehr oder weniger selbstverständlich - wenn wir sie aber wirklich *verstehen* und *gezielt* einsetzen wollen, dann wird es nützlich sein, sich vermehrt auf ein Denken in weiträumigen Zusammenhängen, in Fliessgesetzen und Energieprozessen einzulassen.

Gesetzmässigkeiten verstehen

Zum Schluss möchte ich einige wenige herausgegriffene Leitgedanken formulieren, die sich - nicht ganz ohne parodistische Absicht - am katechismusartigen Stil geläufiger methodischer Kompendien anlehnen.

1. Richtige geigerische Bewegungen sind strenggenommen nicht gezielt herstellbar.

Angemessene Bewegungsformen für das Instrumentalspiel sind diejenigen, die sich aus der bewussten Anpassung des Körpers an die Gesetzmässigkeiten von Instrument und angestrebtem Klang ergeben. Diese Anpassungsleistung kann durch Funktionsmodelle und Bewegungslehren nur in grober Annäherung nachvollzogen werden. Sich geigerische Bewegungen anhand vorgeplanter Schemata zu erarbeiten bedeutet *auch*, die Selbstregulierung unserer natürlichen Organisation zu stören, sie langfristig abzustumpfen. Die gezielte Bemühung, dirigierend und planend in das Spiel von Muskeln und Sehnen einzugreifen hat bereits die Tendenz physische und psychische Spannungen auszulösen.

Selbstregulierung unterstützen

Alle violintechnischen Massnahmen sollten vor allem das Ziel haben, die natürliche Selbstorganisation und Reaktionsfähigkeit des Bewegungsorganismus zu unterstützen und anzuregen. Jede Übungsmethode müsste vor allem darauf hinzielen, sich ein waches Empfinden für die zweckmässigsten Funktionsabläufe im Organismus zu erarbeiten.

2. Zweckmässig organisiertes Violinspiel ist mühelos.

Die Natur selbst arbeitet nach dem Prinzip geringsten Kraftaufwandes: Der Gesang einer Lerche ist bis 10 Kilometer weit zu hören; ein Baby schreit stundenlang, ohne heiser zu werden. *"Jede funktionell richtige und auf ihren Zweck hin angemessene Bewegung ist ohne Anstrengung. Erfordert eine Bewegung Anstrengung, dann ist sie unzweckmässig und nicht angemessen."* (Moshe Feldenkrais). Was von uns beim Violinspiel als Anstrengung empfunden wird, ist objektiv Unangemessenheit und Unzweckmässigkeit der Bewegung. Jede überflüssige Anstrengung (d.h. Energie, die nicht restlos in Bewegung übergeht) verkürzt Muskeln, verlangsamt Reflexe, schafft negative psychische Muster.

Unzweckmässige Bewegungen vermeiden

Auch virtuoses Violinspiel erfordert erwiesenermassen nicht **mehr** Kraft, Gelenkigkeit, Präzision als andere anspruchsvolle Bewegungen des täglichen Lebens.

3. Instrumentalspiel erfordert nicht mehr bewusste Kontrolle als vergleichbare Zweckbewegungen.

Kontrolle im traditionell mechanistischen Sinn bedeutet, sich *den* Eigenschaften eines Prozesses zuzuwenden, die in Teilaspekte zerlegbar sind, d.h. notwendigerweise dessen Ganzheitlichkeit zu vernachlässigen. Das Bedürfnis nach Kontrolle aller instrumentalen Abläufe hat in sich bereits die Tendenz zu Spannung und Stockung des Energieflusses - absolut *perfekte* Kontrolle heisst logischerweise *völlige Lähmung*. Methodische Konzepte, die sich an fixierten Einstellungen und gezielter Konditionierung von Bewegungen orientieren, programmieren geigerische Konflikte und Verspannungen letztlich gleich mit ein. Lampenfieber, Vorspielangst und "Übzwang" sind oft ein Resultat unangemessenen (d.h. den Gesetzmässigkeiten der Sache nicht entsprechenden) Festhalten- und Absichernwollens.

Ganzheitlichkeit nicht vernachlässigen

Zweckmässige Übungen zur Erhöhung geigerischer Sicherheit müssten *auch* so etwas wie Experimentierfelder wachen Geschehenlassens sein.

4. Bewegung (Motorik) und Wahrnehmung (Sensorik) sind eine Funktionseinheit.

Präzise Bewegungen sind das Ergebnis präziser Sinnesempfindungen, gestörte Bewegungsabläufe sind ein Ergebnis ungenauer Empfindungen. Je geringer der Kraftaufwand, desto feiner die Sinnesempfindung. Spezifische Spielbewegungen zu beherrschen bedeutet *auch*, die beteiligten Organe deutlich zu *spüren*. Die Verbesserung physischer Funktionen kann also nur erfolgen durch gleichzeitige Verbesserung ungenauer oder verzerrter Sinnes- und Selbstwahrnehmung. Jede geigerische Übung sollte also Sinne beleben,

Kraftaufwand und Sinnesempfindung

Reaktionsvermögen schulen und allgemeines Körperbewusstsein erhöhen.

Violinistische Bewegung ist wie jede andere Bewegung Gleichgewichtsspiel: ständiges Kreisen um eine Mitte. Je feiner das labile Gleichgewicht, desto reibungsloser und kraftsparender die Bewegung - "vergröbertes" Gleichgewichtsempfinden resultiert in erhöhtem Energieaufwand und Einschränkung der Bewegungsfreiheit. Geigerische Übungen sollten also immer auch das Empfinden für zentrierte Bewegungen und für das labile Gleichgewicht erhöhen. {Kreisen um eine Mitte}

Funktionell richtige Bewegungsabläufe lösen ein Gefühl von Leichtigkeit und körperlichem Wohlbefinden aus. Übungsanweisungen, die nicht gleichzeitig Bewegungsfantasie und Spielfreude anregen, sind also nicht zweckmässig.

5. Vorstellungen sind Realitäten.

Untersuchungen haben ergeben, dass die Grenzen zwischen Gedanken und Realität, Vorstellung und Ausführung fliessender sind als früher angenommen. Schon eine beabsichtigte Handlung oder ein vorgestellter Bewegungsablauf lösen messbare neuromuskuläre Bewegungen aus (z.B. Bereitschaftsspannung). Jede lebendige Vorstellung hat bereits subtile Wirkungen auf die Aussenwelt; durch innere Bilder, Ideen, Einbildungen lassen sich reale Prozesse in Gang bringen. Bereits die wache Aufmerksamkeit auf geigerische Abläufe kann diese positiv beeinflussen; schon das ruhige Wahrnehmen einer unnötigen Körperspannung kann eine entspannende Wirkung haben. {Entspannende Wirkung}

Motorische Fehlhaltungen sind selten dort zu korrigieren, wo sie auftreten - man heilt auch einen Stotterer nicht durch Therapie der Zunge. Fehlerkorrekturen ohne gleichzeitige Veränderung der inneren Ein-stellung sind reine Symptombehandlung.

6. Das exakteste Erkennungsorgan für Musik ist die Empfindung.

Die Kenntnis formaler Gesetze, historischer Bedingungen, kompositorischer Strukturen usw. ist äusserst wichtig, hat aber vor allem der Klärung, Bewusstmachung, Erweiterung der Empfindungen zu dienen. Selbst musikalische Anfänger weisen ein elementares Empfinden für rhythmische und melodische Verhältnisse, für Spannungsbögen, Klangenergien und Klangtendenzen auf (s. Untersuchungen von Heinrich Jacoby).

Die Erarbeitung eines musikalischen Textes sollte also vor allem bei solchen, von jedem innerlich erlebbaren, eigenen Entsprechungen anknüpfen. *"Das Gefühl als Mittel der Erkenntnis ist nur denjenigen verdächtig, die mangels Übung und Pflege nicht wissen, wie man es gebraucht."* (Alan Watts).

Innerlich erlebbar

7. Lernprozesse gehorchen organischen Gesetzmässigkeiten.

Sachgemässes Üben ist nicht konditionierendes Wiederholen sondern spielerisches Erkunden der Eigenschaften, Widerstände, Grenzen des Materials: von Klang, Musikinstrument und Körperorganisation. Üben bedeutet, experimentierend Fragen an die Natur zu stellen und angemessen auf ihre Antwort zu reagieren. Strenggenommen gibt es kein wiederholendes Üben, denn jeder erneute Versuch ist ein einmaliges, improvisierendes Zielen auf etwas, dessen Ergebnis man noch nicht bis ins letzte kennt.

Fragen an die Natur stellen

Sachgemässes Üben ist vor allem Bewusstseinsarbeit - effektivster Lernfaktor ist das wache und illusionslose Mitvollziehen dessen, was man tut. *Jede* Übung sollte also auf Erhöhung der Präsenz, des Inneseins zielen. Übungen, die das Mechanische (=Unlebendige) in uns verstärken, sind nicht sachgemäss - Übungen, welche die innere Lebendigkeit fördern, sind aufbauend und regenerierend. Richtig verstandene geigerische Arbeit sollte immer im Zusammenhang mit der Schulung allgemein menschlicher Fähigkeiten gesehen werden: Konzentrationsfähigkeit, Improvisationsbereitschaft, Präzision von Wahrnehmung und Empfindung, Fantasiekräfte, Klangsinn usw. Selbst eine motorisch-gymnastische Übung sollte letzlich Hilfe und Anreiz sein, um exaktes inneres "Gestimmtsein" zu erreichen.

"Die Fenster meines Hauses sollen weit offen stehen. Ich möchte, dass die Kulturen aller Länder frei in mein Haus strömen. Ich weigere mich, mich allein einer einzigen Kultur zu überlassen."

Mahatma Ghandi (1869 - 1948)

Plädoyer für improvisatorisches Lernen

V or einigen Jahren ging eine Meldung durch die Fachpresse: Ungefähr 80 Prozent aller Jugendlichen rühren nach dem Austritt aus der Musikschule ihr Instrument nie mehr an!
Es gibt wahrhaftig genug Gründe dafür, warum es heute immer schwieriger wird, Kinder und Jugendliche mit klassischer Musik zu "füttern". Trotzdem kennen wir Instrumentallehrer wohl alle diese leisen Zweifel: Was machen wir eigentlich falsch? Warum kommt bei so viel engagierter Arbeit und pädagogischem Know-how unterm Strich nicht mehr heraus?   Leise Zweifel

Solche Fragen wurden auch für mich selbst mehr als einmal aktuell. Als Geigenlehrer mit einem leicht exotischen Ruf als Strassenmusiker a.D. war ich eine Zeitlang Anlaufstelle für "schwierige Fälle". Was ich vorfand, war oft ziemlich deprimierend: Junge Menschen voller Hass auf alles, was ihnen jahrelang im Namen klassischer Musik zugemutet worden war. Anders sah die Geschichte aus, wenn ich auf Reisen oder beim Musizieren mit nicht-"klassischen" Musikern einmal den gewohnten Rahmen verliess. Ich erlebte in Caracas vierzehnjährige Slumkinder, von denen jedes auf Blechkanistern simultan drei oder vier komplizierte Rhythmen schlug. Ich sah dreijährige südamerikanische Indianermädchen, die voller drolligem Ernst die komplizierten Tanzschritte ihrer Mütter genau nachahmten; ich musizierte mit einem 83jährigen griechischen Imker, der jedes Stück nach einmaligem Hören sofort nachspielen konnte. Viele klassische Musiker neigen dazu, auf solche leicht beunruhigende Tatsachen entweder mit unkritischer Begeisterung oder einem trockenen *"Schuster bleib bei deinen Leisten"* zu reagieren.

Elementar und grundlegend

Pablo Casals hat einmal in einem einfachen und schönen Satz gesagt: *"Meine künstlerische Aufgabe hat vor allem darin bestanden, die elementaren und grundlegenden Dinge der Musik wieder zur Geltung zu bringen"*. - Ich glaube, die uns heute so leicht gemachte Begegnung mit fremden Kulturen und Denkweisen kann eine Einladung dazu sein, in aller Nüchternheit und Sachlichkeit die eigenen *"elementaren und grundlegenden Dinge der Musik"* neu zu überdenken. So kann das scheinbar Selbstverständliche und Bewährte, durch den Blick auf das "ganz Andere", zur Herausforderung werden.

Auf die eigene Stimme horchen

Bevor ich konkreter werde, möchte ich Ihnen eine kleine Geschichte erzählen. Vor Jahren liess sich ein ghanesischer Freund und Spielpartner von mir in Genf nieder: Papa Oyeah Makenzie, der uns Europäern in unvergleichlich suggestiven Konzerten die Musik seines afrikanischen Dorfes vorstellte. Einmal schleppte ich ihn in eines meiner eigenen Solokonzerte, gespannt darauf, wie er Bachs Musik und mein Spiel erleben würde. Nach dem Konzert kam er hinter die Bühne, und ich fragte ihn, wie es ihm gefallen habe. Ruhig antwortete er: *"Das war keine Musik, das war eine Fotografie von Musik!"* Überrascht bat ich ihn um eine Erklärung. Er dachte nach und sagte dann zögernd: *"Ich glaube, ihr lernt alle die Musik verkehrt herum - von den Fingern in die Ohren, statt von den Ohren in die Finger. Das ist, als ob man Tricks lernt, um das Leben zu imitieren."*

Fotografie von Musik

Kraft, die wirkt

Leicht irritiert und ratlos wollte ich von ihm wissen, was er selber denn eigentlich unter Musik verstehe: *"Eine Kraft, die wirkt. Ich sammle Energie und gebe sie weiter - ich kann mit Musik heilen, schimpfen, loben, verletzen, Geschichten erzählen, dafür sorgen, dass die*

Menschen das Rechte tun." Mit listigem Augenzwinkern fügte er hinzu: *" Und auch, dass sie **nicht** das Rechte tun."*

An jenem Abend entspann sich ein langes Gespräch zwischen uns; wir stellten erstaunt fest, dass wir zwar schon viele Konzerte zusammen gegeben, uns aber noch nie über die Grundlagen unserer eigenen Musik unterhalten hatten. Viele seiner Gedankengänge waren mir noch fremd. So bestritt er zum Beispiel rundheraus "begabt" zu sein. Ich hielt ihm entgegen, er habe als offizieller Meistertrommler seines Stammes doch eine lange Spezialausbildung hinter sich, also müsse es innerhalb seiner sozialen Zusammenhänge auch eine Art Auslese für mehr oder weniger Begabte geben. Seine Antwort darauf: *"Ich bin nur Musiker geworden, weil mein Vater, mein Grossvater und meine Onkel Musiker waren. Alle Afrikaner atmen, sprechen, tanzen, essen Musik. Hätten wir eine Zeitlang keine Musik, dann würde das Leben des Dorfes erstarren wie bei einer Hungersnot. Wenn Geschichtenerzählen, Tanzen, einfach am Leben sein, eine Kunst ist - gut, dann bin ich meinetwegen auch begabt."*

Begabtenförderung?

Ich war mit dieser Antwort nicht zufrieden und bohrte weiter: *"Aber Du hast doch selber erzählt, wie viele Jahre Du üben musstest, um deine Rhythmen so unfehlbar richtig schlagen zu können, und wie streng Dein Vater als Lehrer mit Dir war."* Er erwiderte: *"Das Richtige kann man nicht herstellen. Ich spiele das, was ich innen höre. Mein Vater hat immer nur geschimpft, wenn ich nicht darauf geachtet habe, was die Trommel von mir will."*

Dass man sich beim Üben auf manuelle Vorgänge konzentrieren sollte, war für ihn ein eher ungewöhnlicher Gedanke; dass viele unserer Instrumentalisten ihre Klänge mehr oder weniger als Endresultat unablässig geübter Bewegungsabläufe betrachten, fand er geradezu absurd: *"Bei euch wackelt ja der Schwanz mit der Ziege."*

Für das Wort "Technik", so stellte er mit höflichem Bedauern fest, gab es in seiner Sprache keinen entsprechenden Ausdruck. Unser lebenslanges Bemühen um die "richtige" Interpretation flösste ihm nicht viel Respekt ein: *"Ihr mit euren grossen Leuten! Vor euren toten Meistern habt ihr Angst, vor euren lebendigen Kollegen habt ihr Angst, und vor euch selber würdet ihr am liebsten auch noch davonlaufen. Lerne du erst einmal, auf deine eigene Stimme zu horchen, dann spricht*

Angst

auch dein toter Meister durch dich!" - Meine Frage, ob er das Gefühl von Lampenfieber kenne, verneinte er: *"Angst haben heisst eng sein, eng sein kommt auch vom Richtigmachenwollen. Bei uns zu Hause muss man Musik nicht 'richtig' machen, man muss einfach gut hineinwachsen."*

Für meinen alltäglichen Ärger mit untalentierten Schülern hatte Papa - er gab selber Kurse für Schweizer Schulkinder - nur milde Verachtung übrig: *"Zuerst macht ihr alles so kompliziert wie möglich, damit man euch für weise hält - wenn es dann trotzdem jemand schafft, irgendetwas zu lernen, nennt ihr ihn begabt, und über die anderen jammert ihr so laut, dass die sich am Ende selbst für dumm geboren halten."*

Ich habe mir später manche von Papas - teilweise drastischen - Fussnoten zur westlichen Kultur aufgeschrieben. Dies geschah allerdings nicht, um damit eine Art exotisches "Naturheilmittel" à la Castaneda in die Hand zu bekommen, sondern weil ich hoffte, durch die Augen eines "Ortsfremden" meine eigene Kultur einmal mit einem etwas veränderten, gleichsam ethnologischen Blick sehen zu können.

Ich möchte versuchen, Papas Verhältnis zur Musik andeutungsweise zu beschreiben. Meiner Ansicht nach verrieten seine einfachen Bemerkungen folgendes künstlerische Selbstverständnis: Musizieren ist ein natürliches und elementares Ein- und Ausdrucksmittel des Menschen, so selbstverständlich und notwendig für ihn wie Atmen, Essen oder die eigene Muttersprache. Musik ist eine lebendige Energie, die ihre Wirkung erst dann entfaltet, wenn Menschen durch sie auf irgendeine Weise berührt, angeregt, belebt, verändert werden. Musik als Kunst oder Kulturgut ist nichts anderes als eine spezifische Ausgestaltung dieser universellen Eigenschaft von Musik. Da die musikalischen Strukturen und auch die eines Musikinstrumentes nur Ausdruck unserer eigenen Gesetzmässigkeiten sind, liegen in uns, nicht viel anders als etwa beim Sprechen- oder Laufenlernen, alle dazu notwendigen Funktionen bereit. Sie können durch waches und häufiges Experimentieren mit der Zeit immer präziser und feiner ausgelöst werden.

Die naheliegendste und zweckmässigste Haltung des Lernens ist, wie bei vielen anderen natürlichen Lernvorgängen, ein Weg des tastenden Erprobens und Erkundens, des gelassenen, feinfühligen

Eingehens auf die Eigenschaften des Objekts: ein Anpassungs- und Austauschvorgang, der am wiederholten Erlebnis des "Falschmachens" mit der Zeit ins "Richtige" wächst. Dieser organische Prozess des Hörens und Erlauschens, des Horchens auf innere Gesetzmässigkeiten, ist bei der Ausbildung virtuoser Fähigkeiten des Instrumentalspiels langwierig und setzt intensive und konzentrierte Arbeit voraus - eine völlig neue Lernweise ergibt sich jedoch daraus nicht mit Notwendigkeit.

Musik ist ihrem Wesen nach weniger als eine abgeschlossene "Sache" zu betrachten, die man nach einem festen Konzept machen, planen, abliefern kann, sondern als eine *"Kraft, die wirkt"*: ein Schwingungsvorgang als sich in der Zeit entfaltendes Geschehen. Musik angemessen wieder- oder weiterzugeben ist also vor allem ein Vorgang des Mitschwingens und Mitvollziehens, des Aufnehmens und Weitergebens ihrer Energiemuster. Die zu entwickelnden "technischen " Fähigkeiten eines Musizierenden, sind dann logischerweise vor allem eine unbegrenzt zu steigernde Kontakt-, Reaktions- und Resonanzfähigkeit: das gehorsame Eingehenkönnen auf die Musik, auf das Instrument und den eigenen Organismus. *Mitschwingen und mitvollziehen*

Akustisches Phänomen

Musik ist ein akustisches Phänomen. Eine musikalische Ausbildung sollte demzufolge in erster Linie das Hören und Lauschen fördern. Jede technische Anweisung müsste ihren Sinn darin haben, direkt oder indirekt tieferes und umfassenderes Hören zu ermöglichen. *Natürliche Sprache*

Übersetzt in unsere eigene Sprache klingen Papa Oyeahs Äusserungen eigentlich banal. Dass Musik eine natürliche Sprache des Menschen ist, dass sie uns bewegt, dass man sich beim Musizieren selber zuhören sollte - alles Selbstverständlichkeiten, die jeder von uns unterschreiben würde. Aber: Handeln wir auch genauso selbstverständlich danach? Lehren wir Musizieren ähnlich wie eine Muttersprache, d.h. als unmittelbar gegebene Lebenstatsache, deren Grammatik, Orthographie und schriftliche Fixierung ja auch erst vermittelt werden, wenn sich das Kind einigermassen zusammenhängend ausdrücken kann?

Inneres Empfinden zum Klingen bringen

Elementarschule

Werfen wir einmal einen Blick in eine beliebige Elementarschule. Am Anfang stehen - hier mehr, dort weniger kindgemäss verpackt - erste Anweisungen als Beschreibung der "richtigen" (d.h. bewegungstechnisch günstigen) Haltung, Arm- und Fingerstellung. Danach werden Noten eingeführt: Bestimmten graphischen Zeichen werden die entsprechenden Griffweisen zugeordnet - das optische Signal soll quasi den richtigen muskulären Knopf drücken.

Optisches Signal

Dazu werden einfache Melodien benutzt: Kinderlieder, kleine Stücke von Telemann oder Bartók, ein Tänzchen aus dem 17. Jahrhundert - Kulturgut, welches das Kind von Anfang an mit "guter" Musik in Berührung bringt und spielerisch in die Formenwelt klassischer Musik einführen soll. Dazwischengestreut sind leichte technische Übungen, die dem Anfänger eine ökonomische Bogeneinteilung, die grifftechnische Unterscheidung von Halb- und Ganztönen, ein wenig Fingergeläufigkeit beibringen möchten. Das Ohr ist bei diesem Ansatz eigentlich das letzte Glied in der Kette. Sind die Notenchiffren richtig entziffert, hat der Verstand richtig kombiniert, funktioniert das Muskelsystem analog dazu: **Dann** erst übernimmt das Ohr seine passive Kontrollfunktion, um das Endresultat, den Klang, zu überprüfen. Das Ohr erfährt erst von Hand, Verstand und Auge, wie Musik klingt - so ungefähr drückt sich Heinrich Jacoby aus.

Notenchiffren entziffern

So wird letztlich schon in diesem frühen Lernstadium des Instrumentalspiels etwas von der Bestimmung des Instruments als Werkzeug, bzw. als kunstvolle Organerweiterung des Menschen, genommen: *das* nach aussen hin zum Klingen zu bringen, was der Musizierende innerlich hört und empfindet. Indem das Gehör schon im ersten Anfangsunterricht gleichsam zum Gehilfen für Auge und Finger degradiert wird, wird der natürliche Lernprozess auf den Kopf gestellt: *"Der Schwanz wackelt mit der Ziege"*. Dieser ganze, nach Papas Ansicht verkehrt herum gelernte Vorgang durchtränkt mit zahlreichen kleinen Ängsten und Filterungen die kindliche Spontanität.

Indem wir Noten und Fingersätze einführen, bevor ein Kind überhaupt Gelegenheit hatte, seine eigenen akustischen Entdekkungsreisen auf dem Griffbrett zu machen, vergessen wir den ursprünglichen Sinn einer Notenschrift, nämlich den, eine Art Anhaltspunkt und (notdürftige) Erinnerungshilfe zu sein für Klänge, die man bereits einmal gehört hat. Wenn wir von Anfang an - wenn auch physiologisch plausibel - Haltungen, Griffe, Einstellungen lehren, deren Befolgung letztlich erst Jahre später relevant werden, missverstehen wir den eigentlichen Sinn methodischer Hilfen, nämlich "prophylaktische" Ratschläge und Kniffe erfahrener Praktiker zu sein für die höheren Anforderungen des Instrumentalspiels. Gemäss dem - übrigens von der praktischen Erfahrung leicht zu widerlegenden - Sprichwort, dass der Hans angeblich nimmermehr lernt, was im Hänschen nicht automatisiert und eingeschliffen ist, speichern wir stattdessen ein formalisiertes geigerisches Knowhow "für später", welches dann aber erstaunlicherweise doch nie so richtig zu greifen scheint. Ja, oft geradezu das Gegenteil des Beabsichtigten erzielt, weil nämlich die Glieder, aus lauter Sorge, "es richtig zu machen", verkrampft und verunsichert reagieren.

<small>Sinn der Notenschrift</small>

<small>Verkrampft und verunsichert</small>

Es gibt heute wunderschöne und unkonventionelle Lehrbücher für den ersten Unterricht, und es sind in den letzten Jahrzehnten sicher grosse Schritte weg von den alten Kaiser-Wilhelm-Methoden gemacht worden. Trotzdem möchte ich die These wagen, dass unsere gedanklichen Konzepte des musikalischen Lernens mehr oder weniger im Gegensatz stehen zu der Art und Weise, wie die Natur selbst vorgeht. Liegt nicht die ungeheure Lernleistung eines versunken mit seinen Bauklötzen spielenden Kindes gerade darin, dass es sich durch vollen und unmittelbaren Kontakt mit dem Objekt *von diesem selbst* belehren, verwandeln, einstellen lässt? Würden wir den methodischen Ansatz des herkömmlichen Violinunterrichts auf das frühkindliche Sprechenlernen übertragen, dann müsste das heissen (ich verdanke dies Bild H. Jacoby): **Wir bringen dem Kind wie einem Taubstummen durch das Vormachen von Lippenbewegungen, durch das Lehren "physiologisch sinnvoller" Zungen- und Gaumenstellungen und durch das Übermitteln ein-**

zelner Buchstaben und Laute Goetheverse bei, bevor es noch Papa und Mama sagen kann.

Rudolf Steiner weist in einer kritischen Bemerkung zum traditionellen Gesangsunterricht darauf hin, dass man im Zeichenunterricht ja auch nicht eine krumme Linie durch Änderung des Ellbogenwinkels korrigiert...

<small>Mangel an musikalischer Lebensfülle</small>

Ich vermute nun, dieses "Verkehrtherumlernen" ist der erste und tiefste Grund für den späteren Mangel an Unmittelbarkeit und musikalischer Lebensfülle, unter dem wir klassischen Musiker ja alle selber leiden.

Indem wir das Interesse des Kindes weg von seiner natürlichen Lauschbereitschaft auf manuelle und gedanklich kombinierende Elemente verlagern, von der ersten Geigenstunde an Vorschriften, Gebrauchsanweisungen, Gefühlsmuster, Kunstideale, Vorstellungen vom Richtigsein, körperliche Kontrollsysteme entwickeln, statt

<small>Unbefangene Hingabe fördern</small>

vor allem des kleinen Menschen unbefangene Hingabe an den Klang zu fördern, *züchten* wir geradezu die Routine und Fremdbestimmtheit, welche wir dann bei erwachsenen Musikern beanstanden.

Ich möchte einmal einige Fragen formulieren:

Warum lassen wir einen Anfänger sich nicht seine Musiksprache auf dem Instrument zuerst einmal ertasten, erstammeln, erstottern, wie seine eigene Muttersprache?

Warum regen wir nicht, wie bei anderen Lernvorgängen, neugierige "Klang-Ausflüge" an, um das Instrument eine Zeitlang nur übers Hören zu erkunden: ausprobierend, seelenruhig Fehler machend, vergnügt auf dem Griffbrett herumspazierend?

Warum schaffen wir als Geigenlehrer einem Kind nicht einfach zwanglose Versuchsanordnungen und *"Erfahrungsgelegenheiten"* (H. Jacoby) ohne Regeln und Vorschriften, musikalische Abenteuerspielplätze sozusagen, anstatt ihm, wenn auch "kindgemäss" zubereitet, immer wieder nur Fertigfutter hinzustreuen?

Warum durften wir selber als Kinder nicht Geigespielen lernen wie wir Breiessen, auf Bäumeklettern, Fahrradfahren und Crawlschwimmen lernten?

Gibt es bei zunehmender Kompliziertheit der Bewegungen eine Art Quantensprung, von dem aus eine völlig andere Verfahrensweise zwingend notwendig ist?

Muss ein unhörbarer Bogenwechsel tatsächlich radikal anders gelernt werden als die Fähigkeit, unhörbar in ein Zimmer zu treten? Und warum?

Einseitiges Bild des Musizierens

Ich möchte hier den grossen Pädagogen Ivan Galamian zitieren, dessen Buch "Principles of Violinplaying" gleich zu Anfang einen bemerkenswerten Satz enthält: *"Interpretation ist das höchste Ziel allen instrumentalen Lernens, seine einzige Daseinsberechtigung."*

Es ist hier schlicht vergessen oder verdrängt - und dies scheint mir sehr charakteristisch für unser eindimensionales Verständnis von Musik allein als Kunst und Kulturtechnik -, dass die Interpretation, also das Arbeiten an der fertigen Vorlage eines Komponisten, nur *eine*, zudem historisch relativ späte Spezialform des Musizierens ist, die strenggenommen erst gelehrt werden sollte, wenn der Schüler sich selber schon durch Musik ausdrücken kann. Indem wir die Musik aber praktisch ausschliesslich in ihrer "Fertigform" vermitteln, gehen wir wie selbstverständlich davon aus, dass Musizieren nicht viel mehr ist als ein möglichst naturalistisches Abbilden von etwas bereits endgültig Abgeschlossenem: ein mehr oder weniger mechanischer Reproduktions- und Kopiervorgang. Ich glaube, dass sich bis in methodische Einzelheiten hinein nachweisen liesse, dass unser instrumentales Lernen letztlich geprägt ist von diesem - durch unsere kulturellen Gewohnheiten eingeschliffenen - einseitigen Bild des Musizierens als Referieren und Zitieren, als Nachempfinden und Interpretieren von festgelegten Zusammenhängen. Dies ist aber nicht ein wesentlich anderes Vorgehen, als ob man eine lebendige Sprache ausschliesslich nach Vokabeln und grammatikalischen Regeln lernen würde, um später einmal bedeutende Schriftsteller zitieren zu können...

Eindimensionales Musikverständnis

Vom Improvisieren

Improvisation als Spezialfertigkeit?

Man kann heute mit allgemeiner Zustimmung rechnen, sobald das Wort Improvisation in den Mund genommen wird. In fortschrittlichen Musikschulen wird die Improvisation als eine Art "zusätzliche" Spezialfertigkeit zur willkommenen Abrundung einer Instrumentalausbildung gelehrt. Ich selber gehe von einem allgemeineren Begriff des Improvisatorischen aus: **eine menschliche Grundhaltung, die sich auf alle Lebensbereiche erstreckt und im Musikalischen nur ihren entsprechenden Ausdruck findet.** Auch ein waches Gespräch, das Erzählen einer alltäglichen Begebenheit oder eine unvermutete Zärtlichkeit sind in diesem Sinn Improvisation. Als improvisationsfähig würde ich einen Menschen mit un-

Unblockierte Ein- und Ausdrucksfähigkeit

blockierter Ein-und Ausdrucksfähigkeit bezeichnen: jemanden, der sich mehr oder weniger angstlos einem Unbekannten (im-pro-vista = aus dem Unvorhergesehenen) anvertrauen kann; der fähig ist, im lebendigen Moment voll da zu sein und mitzuschwingen; der auf eine unvermutete Situation sachgemäss und angemessen reagieren kann. Im Bewegungsmässigen würde ich z.B. diejenige Haltung improvisatorisch nennen, die nach kurzer Zeit relativ geschickt mit einem unvertrauten Werkzeug umgeht, mit einem Tranchiermesser etwa, einem Surfbrett oder einer ausgeliehenen Geige. Als improvisationsverhindernd würde ich dann beispielsweise ein unnötiges Sicherheitsbedürfnis empfinden; alles gezielte Automatisieren und Konditionieren; die Anpassung an Gefühlsmuster und Denkschablonen, kurzum, all diese kleinen und grösseren Krusten ungelebten Daseins, die sich in unserem Alltag finden.

Auf musikalischem Gebiet möchte ich Wilhelm Furtwängler, den grossen "Improvisator" klassischer Musik sprechen lassen. Er definiert die Improvisation als eine Fähigkeit, die: "*...nicht ein blosses Akzidenz darstellt, eine Eigenschaft, die man haben kann oder nicht, sondern schlechthin den Urquell alles ... schöpferischen, notwendigen Musizierens. Das Gesetz der Improvisation als Voraussetzung aller echten*

Völliges Sich-identifizieren

Form von innen heraus, verlangt ein völliges Sich-identifizieren mit dem Werk und dessen Werden."

Furtwängler bezeichnet auch unsere traditionellen musikalischen Formen (Lied, Sonate, Fuge usw.) als *"Improvisationen... sich vollendend im Ausschwingen der ihnen eigenen musikalischen Form"*. Aus dieser Sicht müsste es die allererste und wichtigste Forderung an einen Musiker sein *"auf seine eigene Stimme hören zu lernen"*, wie Papa Oyeah es ausdrücken würde. In einem strengen Sinn könnte man sogar behaupten, dass ein Interpret, der nie improvisiert hat, der also immerzu mit fertigen Formen, nicht aber mit deren Quellen zu tun hatte, auch seinen Bach, Beethoven oder Bartók nicht kennt. Er versteht schlicht die Sprache nicht, in der er spricht!

Wie sollen wir denn einen Weg zur Interpretation finden, wenn wir von allem Anfang an so abgeschnitten sind von diesem wichtigsten Grundelement allen Musizierens? Müsste nicht letztlich die *Improvisation* der wichtigste Schlüssel sein, um mit der fliessenden Inspiration in Kontakt zu kommen, aus der heraus ein Komponist das geformte Werk schuf?

Sollte ich meine eigenen Erfahrungen mit Violinstudenten verallgemeinern, dann müsste ich mit aller Deutlichkeit formulieren: Unser traditioneller Lernansatz, unsere Schulmethodik macht improvisationsunfähig, denn freies Musizieren verlangt lebendige, nichtfestgelegte, reaktionsfähige Körperbewegungen. Es ist für den Anfänger in der Improvisation immer wieder schmerzhaft, erleben zu müssen, wie sehr er seinen eigenen musikalischen Atem durch das Stützkorsett eingeschliffener Spielbewegungen behindert. Aus diesem Grund erscheint es mir auch fragwürdig, einem traditionellen Studium noch das Fach Improvisation aufpfropfen zu wollen. Es geht nicht um das *"Fach Improvisation"*, sondern um einen elementar improvisatorischen Zugang zu *allem musikalischen Lernen*! Freie Körperbewegungen

Meinem Empfinden nach gehören all die oben beschriebenen Phänomene untrennbar zusammen: Eine musikalische Lehrpraxis, die sich mehr oder weniger als Vermittlerin fertiger Strukturen versteht; die einseitige Auffassung vom Musizieren allein als Reproduktion von Kunstinhalten; das Bild von der Notwendigkeit einer besonderen musikalischen Begabung, um ein Instrument zu erlernen; der heute allgemein konstatierte Mangel an Erfülltheit und Direktheit musikalischen Ausdrucks; die Unfähigkeit vieler Vermittlung fertiger Strukturen

Musiker zur Improvisation. All diese Defizite scheinen mir letztlich nur verschiedene Aspekte ein und desselben Sachverhalts zu sein.

Zusammenhänge ertasten

Um welchen Sachverhalt handelt es sich? Wollten wir diese Frage genau beantworten, müssten wir allgemeine kulturgeschichtliche Zusammenhänge ausloten - an dieser Stelle soll eine aphoristische Bemerkung genügen: Ich glaube, wir haben in unserer klassischen Musikpraxis die *"Kraft, die wirkt"* (Papa) vergessen! Gemeint ist folgender Umstand: Es ist ja in den letzten Jahren ausführlich beschrieben worden - denken Sie etwa an die aktuelle ökologische Debatte -, wie sich der westliche Mensch im Laufe der Jahrhunderte konsequent aus seinen natürlichen Zusammenhängen löste und sich selbst-bewusst (zuweilen auch selbst-herrlich) eine eigene Welt erschuf; wie er also immer weniger bereit war, sich von undurchschauten Kräften *er*-greifen zu lassen, weil er das legitime Bedürfnis hatte, zu *be*-greifen: distanziert betrachtend, zerlegend, eingreifend, in Besitz nehmend. Für unser Musik-Erleben bedeutet dies u.a. (auf weitere Aspekte dieser Entwicklung ist in den beiden anderen Vorträgen hingewiesen), dass sich unsere Aufmerksamkeit mehr auf die notierbare akustische Oberfläche der Musik verlagerte. Das mit der Zeit differenzierter und komplizierter werdende "Punktesystem" unserer Notenschrift konnte vergessen machen, dass Musik als Klang-Ereignis *zwischen* den Tonhöhen entsteht, als Klang*beziehung*, rhythmische *Spannung*, harmonische *Zielstrebigkeit* usw. Mit der Zeit trat für den reproduzierenden Musiker eine einfache Wahrheit in den Hintergrund, auf die Heinrich Jacoby immer wieder hinweist: Die hörbaren Klänge sind nur die stoffliche Basis, sind der Ausdrucks-**Träger**, das 'Gehäuse', wie er es nennt, durch welche sich das eigentliche Musikalische, die Wirkung der jeweiligen Klangzusammenhänge, manifestiert und entfaltet.

Ich versuche zu verdeutlichen, was sehr konkret und ziemlich alltäglich unter der Energiewirkung von Musik zu verstehen ist. Gemeint sind die lebendig pulsierenden Spannungs- und Lösungsvorgänge, die sich im Zusammenhang und in der Beziehung *zwischen* den Tönen, Akkorden, Kadenzen, musikalischen Motiven,

Natürliche Zusammenhänge

Oberfläche der Musik

rhythmischen und formalen Strukturen usw. ergeben - in der Spannung eines Intervalls etwa, in der Zielrichtung eines melodischen Verlaufs, in der Entwicklung eines Motivs, im Wechsel von Stille und Bewegtheit: "Energie-Wellen", die dann im zuhörenden Menschen resonieren.

In enger Verbindung mit der lebendigen, lebendigmachenden Wirkung von Musik steht dann natürlich auch die künstlerische Vitalität eines Musikers. Diese wiederum hängt in hohem Masse ab von dessen Fähigkeit seelischen Mitschwingens, seiner körperlichen Durchlässigkeit und seiner allgemeinen Improvisationsfähigkeit (im vorher beschriebenen Sinne). Je wacher und reaktionsbereiter der Spieler aus dem lebendigen Moment schöpfen kann, um so präziser wird er auch die Spannungsbögen, energetischen Tendenzen und "Kraftlinien" der Musik erleben und weitergeben. Indem er dadurch beim Hörer verwandte Saiten anschwingen lässt, steigert er auch die innere Lebendigkeit und Improvisationsbereitschaft des Publikums.

<small>Wirkung von Musik</small>

<small>Kraftlinie der Musik</small>

Es hat übrigens ernstzunehmende Ansätze gegeben, die Gesetzmässigkeiten eines solchen Energiefeldes aus Interpret, Zuhörer und dem im Konzertsaal erklingenden musikalischen Werk zu erforschen. So wurde beispielsweise nachgewiesen, dass die "Energie" gespielter Musik eine messbare psychosomatische Wirkung hat, die sich selbst über Schallplatten vermitteln lässt. Da wurde z.B. in Versuchen nachgewiesen, dass gestresste Interpreten ihren Stress nachweislich an die Zuhörer weitergeben; dass höhere Energiewerte erzielt wurden, wenn sich der Musiker innerlich darauf konzentrierte, den Hörer bewusst zu erreichen und ihn innerlich zu stärken; dass die musikalische Wirkung umso wohltuender war, je angst-freier und gelöster der Spielende musizierte. Es wurde auch das erstaunliche Phänomen festgestellt, dass die messbare Lebensenergie am höchsten ist, wenn man sich seiner jeweiligen Aufgabe mit völliger Wachheit und Bewusstheit widmet: Der Energiepegel einer Versuchsperson stieg beispielsweise sofort, wenn sie während des Gehens jedem einzelnen Schritt ihre ungeteilte Aufmerksamkeit widmete. Ich glaube, wir sind heute - wie auf vielen anderen Lebensgebieten - auch bei der Interpretation klassischer Musik an

<small>Wachheit und Bewusstheit</small>

einen Punkt gekommen, wo gleichsam *"der Schwanz mit der Ziege wackelt"*. Wir sind so fixiert, geradezu hypnotisiert vom Text der notierten Musik, von den "fertigen", d.h. vorgeschriebenen Klängen, dass wir die Energiewirkung, das Er-greifende der Musik in Spiel und Unterricht oft nur noch wie ein privates Anhängsel betrachten, als Sache persönlicher Ausstrahlung etwa, als Folge momentaner Stimmung, als unwägbare und letztlich unlernbare Gegebenheit; etwas, das als "subjektiver Faktor" die krönende Dekoration einer klanglich makellosen und stilistisch korrekten Aufführung bilden darf. Die Sachzwänge des "Zeitalters technischer Reproduzierbarkeit" (Walter Benjamin), die auch uns Instrumentalisten mit erhöhten technischen Anforderungen und neuen musikalischen Zielsetzungen konfrontierten, haben die unbewusste Vorstellung von Musik als erstarrtem "Fertigprodukt" noch entscheidend unterstützt. Das Geschenk der Aufnahmetechnik, die toten Interpreten der Vergangenheit wie lebendig klingen zu lassen, hatte einen Haken: Viele lebende Interpreten klingen nun wie tot, denn der Zwang, alles unter Kontrolle zu haben, beraubte die Musik immer mehr ihres eigentlichen Charakters, des Prozesshaften. *"...Je perfekter, je vollkommener, je mehr der alles hörenden, alles wissenden Platte angenähert die Darstellung wurde, desto ärmer an unmittelbaren Lebenskräften...wurde das Musizieren. Es begann immer mehr den faden Geschmack von destilliertem Wasser anzunehmen... Schliesslich trat das ein, was wir heute erleben: Der Überdruss an der Musik."* (Furtwängler).

Musik als erstarrtes Fertigprodukt

Prioritäten bewusst setzen

Vielleicht könnte man die Problematik vieler traditioneller Instrumentalschulen (trotz aller pädagogischen Fortschritte haben sie noch immer viel mit den mechanistischen Vorstellungen des 19. Jahrhunderts zu tun) folgendermassen zusammenfassen: Dass sie (im weitesten Sinne) nur die "fertigen" Klänge, nicht aber die ihnen zugrundeliegenden Bewegungsenergien - den Klangstrom als Ausdruck lebendiger Kräfte - in ihr Lernkonzept miteinbeziehen. Die Hilfsvorstellung vom "Stoff"- und "Energie"-Aspekt der Musik, die u.a. von H. Jacoby formuliert und theoretisch begründet wurde, hat meiner Erfahrung nach ungeheuer nützliche und kon-

Problematik traditioneller Instrumentalschulen

krete Auswirkungen auf den musikalischen Alltag eines Instrumentalisten. Es macht in der Tat einen fundamentalen, hör-, seh- und erlebbaren Unterschied - und dies *ist* der Unterschied zwischen uns Klassikern und dem "Rest der Welt" -, ob man Musik in erster Linie als lebendige Energie mit fliessenden prozesshaften Eigenschaften betrachtet oder mehr wie eine "fertige Sache", der man sich gegenüberzustellen hat. Es handelt sich hier natürlich nicht um ein starres Entweder/Oder, sondern um die Frage nach den *Prioritäten*: Geht man eher vom "Stofflichen" der Musik aus, von den im Notenbild festgelegten Klangfolgen, die durch den Interpreten möglichst geschmackvoll geordnet, arrangiert, gruppiert werden müssen, dann wird man sich auch konsequent bemühen, den musikalischen und bewegungsmässigen Zusammenhang zuerst in möglichst kleine Teilbereiche und Arbeitsschritte zu zerlegen, und dann versuchen, durch geschickte Kombination dieser Einzelelemente wiederum zum Ganzen zu kommen. Eine derartige Arbeitsweise ist uns Interpreten selbstverständlich näher, da wir als Re-Produzenten ja immer nur mit dem Endprodukt eines schöpferischen Prozesses in Berührung kommen, uns die Vision des Komponisten also mühsam aus vorhandenen Einzelheiten, den Noten, Vortragszeichen usw. zusammenklauben müssen. Wenn man aber das musikalische Werk als so etwas wie einen *"in der Zeit sich explizierenden Organismus"* (Furtwängler) betrachten kann; wenn man "bis in die letzte Zelle" realisiert, dass Musizieren oder Musikhören seinem Wesen nach ja nicht ein gegenüberstellendes Fixieren, sondern ein prozesshafter Verlauf ist - ein allmähliches Zusammenwachsen mit dem "Objekt": Dann wird man sich auch bewusst und gezielt auf das Werdende, sich Entfaltende eines musikalischen Zusammenhangs einstellen.

    Man wird dann mehr oder weniger davon ausgehen, dass Spieler, Instrument und Musik so etwas wie Teile eines umfassenden Systems sind, die analogen Gesetzen gehorchen, die aufeinander abgestimmt sind, miteinander "resonieren" und kommunizieren - ein Prozeß, in dem sich alle Aktionen des Spielers aus dem sachgemässen Eingehen, Eintauchen, Einfühlen in den "Willen" von Musik und Instrument ergeben. Musikalisches Lernen besteht dann

Marginalia: Festgelegte Klangfolgen; Prozesshafter Verlauf eher darin, sich behutsam erprobend, immer wieder "stolpernd" - aus Über- und Unterdosierungen lernend - in Ganzheiten hineinzutasten, die anfangs vielleicht nur als dunkle Ahnung und vage Zielvorstellung vorhanden sind, später dann, nach vielen "Fehlern" und Ungeschicklichkeiten, allmählich klarer werden. Der wichtigste Kompass, der uns bei diesem Prozess leiten kann, ist letzlich unser (durch Jacoby auch bei "Unbegabten" nachgewiesenes) elementares Empfinden für musikalische Klang-, Raum- und Zeitverhältnisse. Unser angeborener Sinn für rhythmische Proportionen, harmonische und melodische Entsprechungen macht es möglich, dass wir die Gesetze eines musikalischen Werks (als Abbild eines uns zugänglichen seelischen Geschehens) in gewissem Mass zu unseren eigenen machen, in unserem persönlichen Erleben verlebendigen können, was in der festen Form des Kunstwerks geronnen ist. All dies kann strenggenommen *"...nicht gewollt, erzwungen, nicht auf logische Weise erdacht, errechnet oder irgendwie zusammengesetzt werden. Es hat seine eigene Logik, die, auf psychischen Gesetzen fussend, nicht weniger naturgegeben ist als alle exakte Logik."* (Furtwängler).

    Ein Lernender ist dann am produktivsten, wenn er es fertigbringt, sich in möglichst unverstelltem Kontakt zu Instrument und Musikstück auf die *"Zielwirkung"* (Jacoby) dieses ganzheitlichen Prozesses einzustellen: sich improvisierend, reagierend, zielend auf den jeweiligen musikalischen und körperlichen Bewegungszug einzulassen. Dies bedeutet vor allem, eine Haltung ruhigen Zulassens zu kultivieren, des ungestörten Ablaufen- und Spielenlassens von Prozessen und Funktionen, die ihre eigene, sich selbst ordnende und regulierende, Bewegungstendenz haben. Ein Musiker, dem das Funktionieren dieser selbstregulierenden Kräfte zur selbstverständlichen Erfahrung wurde, wird sich dann in Spiel und Unterricht auch den subtilsten Details zuwenden können. Gerade das wache Bewusstsein von einem übergreifenden Ganzen ist erfahrungsgemäss nämlich in der Lage, den Einzelheiten ihre richtige Funktion, ihren Ort und den ihnen angemessenen Spielraum zuzumessen.

Marginalia: Angeborener Sinn für Rhythmus; Haltung ruhigen Zulassens

Obwohl ich mir der Problematik von Tabellen und Schemata mit ihrer Tendenz zur "schrecklichen Vereinfachung" durchaus bewusst bin, möchte ich versuchen, den oben skizzierten Vorgehensweisen zwanglos einige Stichworte zuzuordnen.

"Stoff" der Musik	"Energie" der Musik
Musiker als "Produzent" und "Sender"	Musiker als "Instrument" und "Antenne"
Musikinstrument als "Fremdkörper"	Musikinstrument als "Organerweiterung"
Spielfunktionen als mechanisches System	Spielfunktionen als organisches System
Musikalische Komposition als "Zusammen-Gesetztes"	Musikalische Komposition als "verdichtete Improvisation" und organischer Wachstumsvorgang
Notwendigkeit besonderer musikalischer Begabung	*"Jeder Mensch ist ein Künstler"* (Josef Beuys)
Lehrer als Vermittler von Können und Wissen	Lehrer als "Gärtner"
"Machen", Planen, Kontrollieren	"Lassen", Sich zuwachsen lassen, Durchlassen, Geschehenlassen
Modelle, Regeln, Vorschriften von aussen	Führung von innen - angeborenes Empfinden für das "Richtige"
Automatisieren, Konditionieren	Ausprobieren; durch zielendes Tasten zum "Richtigen"

Festhalten, Sichern	Loslassen, Vertrauen
Fort-schritte **machen**	Entfaltung **geschehen lassen**
"Festlegende" Arbeitsweise	"Improvisatorische" Arbeitsweise
Aufbauen aus Einzelheiten	Sich tragen lassen von Zusammenhängen
Konstruieren	Wachsen lassen
Gehorsam gegenüber formalen Regeln und Spieltraditionen	Gehorsam gegenüber inneren Gesetzmässigkeiten
"Richtige" Klänge	"Richtige" Zusammenhänge
Von aussen (Bewegung) nach innen (Hören)	von innen (Hören) nach aussen (Bewegung)
von "unten" (fertigen Einzelheiten) nach "oben" (das Ganze)	von "oben" (vorerst unklar geahnten) Ganzheiten nach "unten" (einzelne Details)
Trainieren von Einzelfähigkeiten	Entfaltung des Menschen
Distanz	Kontakt
Kontrolle durch Beherrschung körperlicher Funktionen	Kontrolle durch "Mitgehen" mit dem Klangwillen
Technik als eingespeichertes "Programm"	Technik durch Sensibilisierung von Kontakt- und Empfangsbereitschaft

"Was muss ich machen?"	"Wie kann ich Störendes ausschalten?"
Bewegungen lernen durch Ein- und Abrichten	Bewegungen lernen durch "Hören" und Ge-Horchen
Bewegungen "machen"	Bewegt sein
Herausholen	Auftauchen lassen

Verstand als Teil natürlicher Lebensfunktionen betrachten

Ich möchte nun noch auf einige Fragen eingehen, die im Zusammenhang mit diesem Thema naheliegen: Steckt in solch einem Ansatz nicht, wie in manchen heutigen Trends, irgendwo Misstrauen und Feindseligkeit gegenüber Bewusstsein, Intelligenz, planender Vernunft? - Nun, ich glaube, es ist hier nirgendwo etwas gegen den Kopf und seine wunderbaren Möglichkeiten gesagt: Auch er ist ein wichtiger Teil der Natur! Ich plädiere (wieder einmal mit Heinrich Jacoby) dafür, den Kopf dort einzusetzen, wo er die ihm zugewiesenen Funktionen am sinnvollsten entfalten kann: **das, was uns primär be-eindruckt, be-wegt, verändert, voll bewusst werden zu lassen, es zu registrieren, einzuordnen, zu prüfen und zu interpretieren; nicht aber durch vorzeitiges Kopf-Zerbrechen sich in Abläufe einzumischen, sie vorwegzunehmen und ihnen zu kommandieren, wann und wie sie zu geschehen haben.**

<small>Kopf - wichtiger Teil der Natur</small>

Man könnte sicher manches Beispiel dafür geben, wie die Gewohnheit, immer vorzeitig über die Dinge zu reflektieren, zur ernsthaften Beeinträchtigung des natürlichen Reaktionsvermögens, der spontanen Erlebnisfähigkeit und des schöpferischen Ausdrucks führen kann. An kleinen Kindern oder an Menschen aus vorzivilisierten Völkern lässt sich übrigens sehr schön beobachten, wie sich körperliche Abläufe umso zweckmässiger und gelöster zu vollziehen scheinen, je weniger sich der kontrollierende Intellekt einschaltet. Bereits das *Nachdenken* über unseren Atem stört dessen ungehindertes Funktionieren, wie in Versuchen nachgewiesen wurde.

Zeitverlust	Ein anderer Einwand gilt dem Zeitverlust, der entstehen müsste, wenn in einer Instrumentalausbildung das Hören und Lauschen als erste Instanz betrachtet wird: Ist das Erlernen und gezielte Automatisieren von Bewegungstechniken, das Zerlegen in Einzelabläufe, das präzise handwerkliche "Gewusst wie" nicht vor allem dazu da, dem Schüler unfruchtbare Irrwege, Zeitvergeudung, Frustration beim Üben zu ersparen?
	Nun, ich glaube, praktisch nachweisen zu können, dass wie bei so vielen modernen Zeitspartechniken der kürzere Weg oft der längere ist. Ich meine, dass kaum eine Arbeitsmethode so sehr hilft, Umwege, Ablenkungen, mechanistische Verstiegenheiten zu ver-
Inneres und äusseres Hören	meiden, wie die primäre Orientierung am inneren und äusseren Hören. Ich selber zumindest habe erfahren müssen, dass alles, was auf Kosten unmittelbarer Hörerfahrung geht, alles, was vom Hören ablenkt und die manuellen Vorgänge vom musikalischen Prozess trennt und verselbständigt, letztlich ein Umweg ist. Wer an sich selbst und an Schülern erlebt hat, wie sicher man auch bewegungsmässig geführt wird durch inneres Hören, wie Fingeraktionen oft wahrnehmbar präziser und müheloser ablaufen als durch jedes Eindrillen, wie Bogenstriche sich in vielen Fällen gleichsam von
Selbstregulierung des Körpers	selbst einteilen, wenn man konsequent der Selbstregulierung des Körpers gehorcht, wie das *"... Lied anfängt, sich selber zu singen, wenn der Sänger es zulässt"* (Alan Watts), der wird kaum noch verstehen, wie man so lange gemeint hat, hart rudern zu müssen, wo es sich so bequem segeln lässt. Und wem dies alles zu leicht klingt, weil er sich das Instrumentalspiel nur als mühevolle Sisyphusarbeit vorstellen kann, dem möchte ich antworten, dass es keinen strengeren Lehrer und keinen unbestechlicheren Richter gibt als das eigene Ohr; eine musikalische Reise mit dem Hören als Erstem Steuermann kann eine ungeheuer anspruchsvolle und heikle Angelegenheit sein.
	Denken wir doch an unsere eigenen musikalischen Anfänge zurück: viele Jahrzehnte haben wir gegen unsere eigenen Empfindungen angespielt, bei jedem neuen Lehrer völlig umgelernt, jedes Glied unter separate Bewachung gestellt, denjenigen geglaubt, die uns versicherten, irgendwann, nach einer längeren Durststrecke,

würde dann alles "von selber" gehen. In der Tat, irgendwann "ging" vielleicht alles von selber - und voll Trauer bemerkten wir dann, dass das Ergebnis nicht mehr viel mit uns selber zu tun hatte: Randvoll mit fertigem Können und Kennen hatten wir mehr oder weniger verlernt, eine einfache Melodie schlicht und erfüllt zu spielen. *Fertiges Können*

Ich durfte vor kurzer Zeit als Gastdozent einer grossen Musikhochschule jedem einzelnen Geiger und Bratschisten eine Unterrichtsstunde geben. Das Niveau war äusserst hoch, die Lehrer hatten z.T. internationalen Ruf - und trotzdem schien nicht **einer** der Studenten in der Lage zu sein, mir eine technisch anspruchslose Passage ohne körperliches Unwohlsein und mit halbwegs authentischem Ausdruck vorzuspielen.

Sehen Sie sich dagegen gute Jazzmusiker an, echte Volksmusiker, beliebige Instrumentalisten nichtwestlicher Kulturen: Wie spielerisch, wie leicht, wie elegant ist das alles; wie unaufwendig und gelassen ist noch die haarsträubendste Schwierigkeit gemeistert. *Unaufwendig und gelassen*

Am Ende meines Plädoyers für improvisatorisches Lernen durch inneres Hören möchte ich in Erinnerung bringen: Der skizzierte Weg von "innen nach aussen" ist ein Weg, der mit Ausnahme unserer eigenen von den Kulturen aller Zeiten gegangen worden ist; es ist die Art und Weise, wie ein gesundes Kleinkind lernt; es ist der Weg von Musikern wie Kreisler, Enescu, Gieseking und Casals, und er ist, last not least, das Ergebnis einer nüchternen und sachlichen Auseinandersetzung mit der Frage, wie man seine körperlich/seelischen Möglichkeiten zweckmässig und angemessen in den Dienst einer kunstvollen Tätigkeit stellen kann.

"Es ist also eine natürliche Bewegung, die sich von selbst ergibt. Darum ist die Umgestaltung des Alten auch ganz leicht. Altes wird abgelegt, Neues wird zugelassen. Beides entspricht der Zeit und bringt daher keinen Schaden."

I Ging, Buch der Wandlungen

Von der unerträglichen Leichtigkeit des Instrumentalspiels

Gleich zu Anfang muss ich Ihnen gestehen, dass ich es als unerträglich schwer empfand, ein Referat über die *Leichtigkeit* des Instrumentalspiels vorzubereiten. Mir ging es vielleicht ähnlich wie dem alten Kirchenvater Augustinus, der auf die Frage, was Zeit sei, einmal antwortete: *"Ich weiss es, aber wenn Du mich fragst, weiss ich es nicht."* - Die Gründe dafür liegen zum Teil in der Natur der Sache. Versuchen Sie einen einzigen Schritt auf der Treppe angemessen zu beschreiben, vergleichen Sie die Schilderung eines Sonnenaufgangs mit Ihrem persönlichen Erleben: Sofort zerfällt etwas, das im Grunde einfach ist - im Sinne von einheitlich und ganz - in zahllose isolierte Einzelheiten. Das gilt noch für die simpelste Sache: Beschreiben heisst *immer* zerlegen, etwas Ganzes in ein Nacheinander und Auseinander zu verwandeln.

<small>Beschreiben heisst immer zerlegen</small>

Wie viele praktische Musiker habe auch ich einen gewissen Widerstand dagegen, methodisch festzulegen, was ja im Spielen und im Unterricht ein lebendiger und fliessender Prozess ist - es zumindest sein sollte. Wie jeder ernsthafte Pädagoge wird auch ein guter Instrumentallehrer weniger durch abstrakte Modellvorstellungen wirken als durch das lebendige Beispiel, durch sein künstlerisches Fluidum und durch eine Sehweise, die jeden ihm anvertrauten "Fall" als einmalig betrachtet. So haben denn nicht nur viele

<small>Lebendiges Beispiel</small>

ausübende Künstler, sondern auch manche Musikpädagogen gewisse Zweifel am Nutzen einer präzisen Methodik und Bewegungslehre geäussert. Ich zitiere zwei beliebig herausgegriffene Sätze aus einem Text von Heinrich Neuhaus (1888-1964), dem Lehrer von Gilels, Richter und anderen berühmten Musikern: *"Ich gestehe, wenn ich meine Interpretation in der Idee zu verwirklichen vermag, dann ist es mir in hohem Masse gleichgültig, wie sich während dieser Zeit mein Ellbogen verhält...denken Sie weniger an alle möglichen Stellungen und mehr an die Musik, das Übrige wird sich ergeben."*

<small>Heinrich Neuhaus</small>

Gegen die Vorstellung, eine Methodik sei eben für den durchschnittlich Begabten oder Instinktschwachen gedacht, protestiert Neuhaus entschieden: *"Wenn sich der methodische Gedanke auf einen kleinen Ausschnitt der Wirklichkeit (auf den durchschnittlich Begabten) konzentriert, so ist er schädlich, minderwertig, undialektisch und nicht kompetent."*

<small>Leonard Bernstein</small>

In seinem letzten grossen Interview gesteht Leonard Bernstein (1918-1990): *"Ich kann nicht sagen: Bringen Sie Ihren Mittelfinger hierhin, beugen Sie das Handgelenk und legen den Ellbogen an. Ich habe keine Rezepte und Methoden... ich plane keine Gesten. Ich muss sie (die Studenten, Anm. d. Verf.) fragen, wie ich es denn getan habe."*

Nun sollte man solche, aus ihrem spezifischen Zusammenhang herausgenommenen Zitate nicht überbewerten. Trotzdem stelle ich fest, dass manche der grossen Musiker und Pädagogen davon ausgehen, dass es bessere, vielleicht auch effektivere Wege zum Instrument gibt als das langjährige "Einbimsen" ausgefeilter Regeln und Verhaltensvorschriften. Auch *meine* begrenzte Erfahrung zielt darauf hin, dass der wichtigste Lernfaktor für jede musikalische Entwicklung der direkte und unverstellte Kontakt zum Instrument ist und das intensive Bedürfnis, sich musikalisch auszudrücken. Dazu kommt die wache Reaktionsbereitschaft des Körpers und eine seelische Haltung, die ich mit Heinrich Jacoby *"sachliche Hingabe"* nenne.

<small>Kontakt zum Instrument</small>

Ich glaube, dass im Violinspiel wie in der Liebe letztlich nicht allzuviel Raum ist für ein von aussen kommendes, fertig anwendbares Know-how, weil es hier wie dort den direkten Kontakt behindert und damit den Fluss unmittelbarer Erkenntnis unterbricht. Dies gilt gleichermassen für die Begabten wie auch für die Unbegabten unter Liebhabern und Instrumentalisten. Der Pianist Arthur Schnabel dazu: *"...sorgen Sie für die innere Notwendigkeit, dann sorgen die Klänge für sich selbst."*   Innere Notwendigkeit

Noch radikaler drückt sich Heinrich Jacoby aus. Als Resultat langjähriger Arbeit mit hunderten von Schülern folgert er: *"Man weiss nicht oder vergisst, dass das, was man sich durch Üben, Trainieren, Reglementieren, Automatisieren beizubringen abmüht, gar nicht beigebracht werden kann, weil es in jedem ruht und nur durch Auslösung gesetzmässiger Funktionen herausgeholt zu werden braucht. Dies ist jederzeit möglich, sobald wir Klangenergien und Zielempfindungen sich auswirken lassen."*

Bewegungsfantasie anregen

Wie immer man zu solchen pointierten Aussagen stehen mag: Ein Instrument auf Basis technisch-physiologischer Modellvorstellungen erlernen zu wollen, erscheint mir heute kaum weniger anachronistisch wie das "Schritte zählen" der klassischen Tanzstunde, die Trockenübungen des traditionellen Schwimmunterrichts oder das Erlernen einer lebenden Sprache durch eingepaukte Vokabeln und Grammatikregeln.

Für mich zumindest ist ein von der Klangvorstellung abstrahiertes fertiges technisches Wissen und Können auch in Ansätzen nicht zu vermitteln, ohne gleichzeitig etwas von der Erfülltheit des Musizierens aufs Spiel zu setzen. Ich gehe ausserdem davon aus, dass   Erfülltheit des Musizierens
wir mit jeder unnötigen Festlegung von Bewegungsabläufen gleichzeitig das feine Sensorium des Körpers für das Stimmige belasten, und ich glaube, dass selbst die bestgemeinten Versuche, dem Schüler standardisierte Haltungen und Einstellungen beizubringen, langfristig gegen ihn arbeiten. Eine vernünftige Mutter weiss, dass der Versuch, ihrem Kind das Laufen- oder Sprechenlernen durch besondere Hilfestellungen zu erleichtern, eher das Gegenteil des Beabsichtigten bewirkt. Man könnte es etwa mit dem wohlgemeinten Bestreben vergleichen, möglichst glatte Spazierwege zu schaffen, damit die Beine es leichter haben. Wer einmal einige Kilometer auf Asphalt getrottet ist, weiss, dass die Beine gerade durch den natürlichen Mangel an Hindernissen leichter stumpf und

müde werden. Kinder mit einem Schema fertiger geigerischer Zweckbewegungen zu konfrontieren, scheint mir also gegen ein elementares Lebensgesetz zu verstossen: Jeder Mensch braucht zum Lernen die Herausforderung durch Unsicherheiten, Wagnisse, immer neue instinktive Anpassungsleistungen.

Elementares Lebensgesetz

Zu bedenken wäre auch eine Tatsache, auf die der israelische Physiologe Feldenkrais immer wieder hinweist: Starre Bewegungsgewohnheiten scheinen eingefahrene Denkmuster und Empfindungsschablonen zu begünstigen. Es wäre sicher lohnend, auch unter diesem Gesichtspunkt einmal den möglichen Zusammenhang zwischen eingeschliffenen motorischen Abläufen und einer flachen musikalischen Ausdrucksweise zu durchdenken.

Eingefahrene Denkmuster

Pauschal formuliert: Den Lernenden durch ein feinmaschiges Sicherheitsnetz aus unzähligen vorgeplanten und automatisierten Einzelbewegungen auf jeden Eventualfall vorbereiten zu wollen, hiesse, seine Bewegungsfantasie einzuengen statt sie zu befreien. Das ist nicht nur wenig praktisch, sondern langfristig schädlich für die allgemeine Spieldisposition.

So sehe ich mein eigenes Unterrichten eher als eine Art gärtnerische Aufgabe: Einen Boden durch engagierte sachliche Pflege aufnahmebereit und fruchtbar zu machen; nicht so sehr, den Pflanzen Modelle zu geben, wie sie zu wachsen haben. - Weniger poetisch ausgedrückt: alle nur denkbaren Möglichkeiten der Selbstentdeckung und Selbsttätigkeit eines Schülers anzuregen und wo immer möglich, anzuknüpfen an die Möglichkeiten zur Selbstregulierung, auch an die "Selbstheilung" geigerischer Vorgänge. Man kann dies unvergleichlich viel öfter tun als man im allgemeinen denkt. Mein eigener Unterricht besteht dann mehr oder weniger darin, Erprobungshilfen bereitzustellen, um einen Schüler alltägliche Gesetzmässigkeiten erleben zu lassen, für ihn ein günstiges Feld zu schaffen, in dem sich Prozesse nach ihren eigenen funktionellen Voraussetzungen möglichst ungestört entfalten können. Bewegungsmässig ist Instrumentalspiel ja nicht etwas ganz Neues für den Anfänger, sondern ein "Aussortieren" unter längst vorhandenen Bewegungsmöglichkeiten. Also gilt es vor allem, einen Schüler mit den

Sachliche Pflege

Erprobungshilfen

sich selbst ordnenden Tendenzen seines Spielorganismus vertraut zu machen und ihn zum bewussten Umgang mit ihnen zu erziehen.

Die unerträgliche Leichtigkeit

Wir Musiker benutzen den Begriff Leichtigkeit gewöhnlich in zweifacher Bedeutung. Wenn wir ein Instrument, etwa eine Mundharmonika, leicht zu spielen finden, dann meinen wir damit, dass die manuelle Handhabung keine besonderen Probleme bietet; wenn wir dagegen eine *Spielweise* als leicht bezeichnen, dann wollen wir damit sagen, dass sie unangestrengt und natürlich wirkt. Umgekehrt finden wir ein Stück schwer, wenn es hohe Anforderungen an unsere Treffsicherheit, Geläufigkeit, Koordination usw. stellt. Wir assoziieren sofort die Vorstellung des Schweren, Lastenden - eines drückenden Gewichts. Das ist sprachlich nicht konsequent, denn wir alle wissen, dass eine schwierige Stelle, im Gegenteil, nur zu meistern ist, wenn wir alle Reserven an Leichtigkeit und körperlicher Durchlässigkeit mobilisieren.

<small>Leicht oder unangestrengt?</small>

<small>Sprachliche Inkonsequenz</small>

Ich glaube, dieser nicht eindeutige Sprachgebrauch - wir sagen schwer oder schwierig, wenn wir so etwas wie heikel meinen - deutet auf eine Tradition hin, die uns allen noch tief in den Knochen steckt: Es ist diese innere Stimme, die uns westlichen Menschen seit vielen Jahrhunderten zuflüstert, dass wir unser Brot im Schweisse unseres Angesichts essen sollen. Auf diese heute vieldiskutierte Problematik eines auf Selbstbezwingung und Kampf gegen die eigene Natur ausgerichteten Lebensgefühls zielt ja das mittlerweile geflügelte Wort von der unerträglichen Leichtigkeit ab: Wir ertragen es auf einer tief unbewussten Ebene nur schlecht, wenn wir die Dinge nicht bis zum letzten Zipfel im Griff zu haben brauchen, wenn etwas auch mühelos zu haben ist - ja, gelegentlich *nur* mühelos zu haben ist.

<small>Selbstbezwingung und Kampf</small>

Viele Gesetzmässigkeiten des Lebens sind aber nun einmal so: Wenn wir uns nachts um Schlaf *bemühen*, dann flieht er uns; wenn wir beim Schwimmen krampfhaft versuchen, an der Oberfläche zu bleiben, versinken wir; geben wir den Widerstand auf, dann trägt uns das Wasser. Wenn wir Konzentration gezielt **suchen**, dann vertreiben wir sie.

Vernetztes Bewegungssystem

Jede Körperbewegung geht nach innen weiter in Bereiche hinein, die einer Anspannung des Willens nur teilweise (z.B. Kreislauf, Atem) oder überhaupt nicht (Drüsentätigkeit usw.) zugänglich sind: jede willkürliche Bewegung löst letztlich viele unwillkürliche Bewegungen aus. Solchen elementaren Tatsachen haben wir auch beim Lernen eines Instruments Rechnung zu tragen. Gerade im Violinspiel haben wir ja genügend Anschauungsmaterial für diesen ewigen Kleinkrieg zwischen Instinkt und Intelligenz - für dieses ärgerliche Paradox zum Beispiel, dass wir durch Passivität manchmal weiter zu kommen scheinen, als durch unsere noch so bemühte Absicht. Wir haben sicher alle die Erfahrung gemacht, dass ein schwieriger Lagenwechsel oft sicherer wird, wenn wir eine Haltung von bewusster "Gleichgültigkeit" kultivieren, den Mut haben zum Sprung ins Leere sozusagen. Wir wissen auch, dass gerade "aktive" schnelle Passagen eine gewisse "Faulheit" der Finger erfordern. Das Problem schneller Saitenwechsel - denken Sie etwa an die siebte Kreutzer-Etüde - wird kaum durch willensmässige Aktivierung des Oberarms gelöst, sondern eher durch gelassenes Wartenkönnen auf den Impuls. Gerade in der Bogentechnik ist es wirklich "mit Händen zu greifen": Bestimmte Stricharten gelingen nur, wenn das Gesetz des Handelns gewissermassen vom Bogen selber ausgeht, denn *unser* Wille raubt dem Bogen *seinen* Willen, sprich seine Elastizität. Ein Drahtseilakt wie die fünfte Paganini-Caprice ist in der Originalstrichart nur in höchster "Absichtslosigkeit" ausführbar - durch auf die Spitze getriebenes Nichtstun...

Ich könnte Ihnen zudem manches Fallbeispiel dafür liefern, wie gerade die *Fixierung* auf einen Teilbereich (z.B. der gezielte Wille zur makellosen Intonation oder zum perlenden Spiccato) eine *Ursache* für Intonationsschwäche bzw. Bogenunsicherheit werden kann; wie die forcierte Selbstbeobachtung physiologischer Abläufe geradezu ein *Handikap* für deren reibungsloses Funktionieren ist; wie durch angstvolles Vermeiden des Falschen die Fehler oft noch verschlimmert werden.

Kleinkrieg zwischen Instinkt und Intelligenz

Impulse abwarten

Ursache und Wirkung

Auch in der Arbeit an der musikalischen Gestaltung werden wir mit dieser grundlegenden Dialektik konfrontiert. So kann die intensive Bemühung um einen besseren Rhythmus diesen geradezu zerstören; Leonard Bernstein sagte einmal humorvoll: *"Rhythmus stellt sich erst ein, wenn man sich gehen lassen kann."* Der frivole Unterton dieser Bemerkung verliert sich übrigens sofort, wenn wir sie wörtlich nehmen: Sich-gehen-lassen - seinen Beinen das Gehen gestatten. Frei nach Bernstein kann also ein "schlampiger" Rhythmus durchaus seine Ursache darin haben, dass man sich zu diszipliniert um ihn bemüht!

<small>Sich gehen lassen</small>

Ein Phrasierungsbogen klingt z.B. erst dann wirklich atmend und lebendig, wenn wir ihn eben *nicht* bis ins letzte von aussen kontrollieren und einrichten, sondern den Beobachterstatus aufgeben und uns gelassen vom musikalischen Fluss tragen lassen.

Ich möchte vorsichtig eine allgemeine Gesetzmässigkeit formulieren: Wo gezielter *Wille* ist, zieht sich Natur - im Sinne von ungestörtem Ablauf, von unblockierter Energie - vorerst zurück. Diese einfache Tatsache gibt uns einen Hinweis darauf, warum selbst die scheinbar sinnvollsten geigerischen Ratschläge oft so unbefriedigend funktionieren. Wie der Schlaf und die Liebe, so ist das Richtige nicht herstellbar - es kann letztlich nur ent-deckt und zugelassen werden: Bereits die gezielte Bemühung, anhand eines vorgegebenen Modells etwas "richtig" zu machen, trägt den Keim des Falschen in sich.

<small>Das Richtige ist nicht herstellbar</small>

Erleben statt einpauken

Diese einfachen Lebensgesetze können an alltäglichen Beispielen im Unterricht demonstriert und meiner Erfahrung nach auch Kindern begreiflich gemacht werden. Es gibt da wunderschöne kleine Experimente, die dem Schüler zeigen, wie eine natürliche Intelligenz des Körpers in ihm zu leben beginnt, wenn er seinen Willen zurückzunehmen lernt - eine Vernunft, die ihm einen grossen Teil der Arbeit abnimmt. Man kann einen jungen Schüler immer wieder zum Staunen bringen, wenn man ihm konkret an "seinem" Vivaldi-Konzert zeigt, wie eine kraftvolle Klangvorstellung gleichsam eigenschöpferisch in die muskulären Abläufe eingreift;

<small>Natürliche Intelligenz</small>

wie Reflexe schneller, Muskeln geschmeidiger und Glieder weicher reagieren, wenn er nicht das, was von alleine geschehen möchte, aufhält. Man kann ihm spürbar machen, wie die wache und gleichzeitig entspannte Aufmerksamkeit auf das musikalische Geschehen oft auch die technischen Abläufe erleichtert. Man kann dem Schüler am Instrument zeigen, wie wichtig es ist, Fehler zu machen - saftige dicke Fehler! Er soll hautnah mitvollziehen können, dass lernen überhaupt darin *besteht*, Fehler zu machen. Wie haben wir z.B. laufengelernt? - doch, indem wir tausendmal umfielen und uns wieder aufrappelten; indem wir das Richtige mit der Zeit , durch allmähliches Aussortieren des "Falschen", von selbst entstehen liessen. Man kann den Schüler in spielerischen Experimenten selbst spüren lassen, wie jede unangemessene Anstrengung sofort die Reflexe verlangsamt; wie zusammengezogene Muskeln sich unweigerlich in einem angespannten und gepressten Klang äussern. Er soll dadurch die gewohnheitsmässige Anspannung beim Geigen als ähnlich unproduktiv und sinnlos empfinden wie z.B. das angestrengte Starren, wenn man besser sehen will, oder die gerunzelte Stirn, wenn man sich an etwas erinnern möchte. Der Schüler soll zu spüren bekommen, dass Violinspiel nicht das Geringste mit Kraftaufwand zu tun haben muss. Die Geschichte, wie der zehnjährige Menuhin zwar das Brahmskonzert mit Bravour spielte, vorher aber dem Konzertmeister die Geige zum Stimmen reichen musste, weil seine Finger dazu noch zu schwach waren (in "Yehudi Menuhin, Mensch und Musiker" von Robert Magidoff), ist ein eindrückliches Beispiel für diese Tatsache.

Man kann dem Schüler anhand alltäglicher Beispiele zeigen, dass es widersprüchlich ist, sich *aktiv* um Entspannung zu bemühen: Das hiesse gleichsam *sich anstrengen, um anstrengungslos zu sein*.

Man sollte dem Lernenden auch zeigen, wie sich viele "Knoten", Blockaden, Verkrampfungen wirkungsvoll lösen lassen, indem man sie akzeptiert und nicht direkt bekämpft. Bereits das klare Bewusstsein des Ist-Zustandes kann in vielen Fällen die entscheidende Bewegung zum Besseren hin bedeuten.

Aus dem Alltag vermittelte Beispiele und das entsprechende Ausprobieren am Instrument können einen Schüler allmählich davon überzeugen, dass unsere einzige Sicherheit letztlich darin besteht, das Wagnis der Unsicherheit auf uns zu nehmen. Wenn wir etwa auf einem Schwebebalken balancieren, dann vermittelt uns der Blick nach vorne die notwendige Sicherheit, und nicht das Starren auf den Fuss...

Beispiele aus dem Alltag

Man kann einem Schüler *"Erfahrungsgelegenheiten"* (Heinrich Jacoby) bieten, aus denen er selber herausspüren kann, dass seine Tastempfindungen umso feiner sind, je kleiner die Anstrengung ist. Das Phänomen der Bereitschaftsspannung kann man ihm demonstrieren, indem man ihn einen als gefüllt ausgegebenen, in Wirklichkeit aber leeren Koffer, hochheben lässt.

Phänomen Bereitschaftsspannung

Kurzum, es gibt unzählige Möglichkeiten, den Lernenden solche grundlegende, für das Musizieren höchst wichtige Gesetze selbst entdecken zu lassen: Wer nicht "verlieren" will, der wird starr, und wer es aufs Fallen ankommen lässt, fühlt sich am Ende sicherer. Auch im Instrumentalspiel zeigt sich, dass das Bedürfnis nach höchstmöglicher Sicherheit einen Pferdefuss hat: Letztlich beschert es uns immer neue Unsicherheiten und schafft Abhängigkeit.

Funktionsbereitschaft erüben

Meine erste Definition von Violinpädagogik lautet, in Anlehnung an Heinrich Jacoby: Nicht Funktionen einrichten, sondern Funktionsbereitschaft auslösen - eine Haltung gelöster Reaktionsfähigkeit erarbeiten, in der die Spielabläufe nach ihrer eigenen Ordnung gleichsam zu sich selbst finden können. Der eingreifende Wille, der den Dingen zu Leibe rücken will, und damit das freie Fliessen der Energien verhindert, muss lernen, sich gleichsam in einer behutsamen und höflichen Anfrage vom Objekt selbst belehren zu lassen: *"Geige, was willst Du von mir? Mozart, was meinst Du damit? Handgelenk, wo möchtest Du hin?"* Es ist der Wille des Drachenfliegers, des Wellenreiters, des Seiltänzers; ein Wille, der sich in hohem Masse darauf beschränken kann, die notwendigen Startimpulse zu geben und dem Ablauf von Funktionen keinen Wider-

Energien fliessen lassen

stand entgegenzusetzen, um die *"Einstellwirkung"* (Jacoby) des Bewegungsorganismus immer feiner spielen zu lassen.

Das klingt in der Tat "unerträglich" einfach, aber *"Nichts ist schwieriger als das einfach Richtige."* (Carl Spitteler). Der Schüler wird natürlich auch bei dieser Art von Lernen die üblichen Irrfahrten, Umwege und Frustrationen auf sich nehmen müssen, bis es - hoffentlich - irgendwann einmal "einschnappt".

Irrfahrten und Umwege

Ich erinnere mich noch deutlich an einen Herbstmorgen in Tel Aviv vor 15 Jahren, als mich während des Übens plötzlich die Gewißheit durchfuhr: *"Mensch, da gibt es ja gar nichts zu regulieren - die Dinge ordnen sich ja selber, wenn ich es zulasse."* - Nun, genau diese Wahrheit hatte mir mein grosser israelischer Lehrer Rami Schevilov seit mehr als drei Jahren mit zunehmender Verzweiflung einzutrichtern versucht...

Dass für den Schüler oft erst nach Jahren, und selbst dann vielleicht nur in Ansätzen, erlebbar wird, was dem Lehrer so selbstverständlich ist, hängt wohl vor allem damit zusammen, dass viele Menschen ihren Körper so erschreckend schlecht bewohnen. Die Spuren jahrhundertelanger Körperverdrängung sind unübersehbar: Überall gibt es "tote Punkte" in der Wahrnehmung unseres Selbsts, grundlegende körperlich/seelische Zusammenhänge, von denen wir so entfremdet, ja abgetrennt sind, dass uns ihr Fehlen oft kaum auffällt. Die weitverbreiteten chronischen Fehlhaltungen und Verspannungen sind ja gerade deswegen so schwer zu korrigieren, weil wir sie für den Normalzustand halten und deswegen gar nicht erst *bemerken*. So wird man sich auch als Geigenlehrer darauf einzurichten haben, dass über einen langen Zeitraum hinweg das Richtige für das Falsche und das Unbequeme für das Bequeme gehalten wird. Ein grosser Teil geigerischer Arbeit ist damit eher Heilpädagogik - es geht oft weniger um "Learning by doing" als um "Unlearning by undoing". Unter dem Aspekt des *Heilens und Wiederherstellens* gestörter Körperfunktionen haben dann natürlich auch ein umfassendes physiologisches Wissen und die zeitweilige Konzentration auf körperliche Bewegungsvorgänge ihren berechtigten Sinn.

Fehlhaltungen und Verspannungen

Heilen und Wiederherstellen

Ich möchte einmal meine Vorbehalte gegen manche Aspekte des traditionellen Instrumentalunterrichts in einem Satz pauschal zusammenfassen: Wir gehen in vielen Punkten unlogisch und unpraktisch vor, weil wir meinen, durch organisierte Intelligenz und äussere Kontrolle etwas in den Griff bekommen zu müssen, das aufgrund seiner eigenen biologischen Gesetzmässigkeiten letztlich nicht anders zu haben ist als durch das wach beobachtende "Eintauchen" in die Bewegungen und Rhythmen unserer Körperorganisation - durch das behutsame und ge-lassene Eingehen auf seine natürliche Intelligenz. *Dies* ist ja gerade die Problematik jeder technischen Beherrschung: Der Versuch, einer lebendigen Ordnung ein - wenn auch wohldurchdachtes und subtiles - mechanisches Schema aufzusetzen, führt immer wieder dazu, dass Probleme, die gelöst zu sein scheinen, sich durch die Hintertür, in einer neuen und unerwarteten Form, wieder einschleichen.

<small>Lebendige Ordnung</small>

Huhn oder Ei?

Ich möchte die Sache nun noch von einer anderen Seite her angehen. Vor einigen Jahren erlebte ich in Paris eine ungewöhnliche musikalische Aufführung. Ein bekanntes Symphonieorchester spielte inmitten eines konventionellen klassischen Programms das Stück eines indischen Geigers und Komponisten - eine für mein Empfinden nicht sehr überzeugende Mischung aus westlicher Filmmusik und orientalischer Melodik. Interessanter waren die beiden Solisten: Der Komponist selbst und eine Geigerin aus Osteuropa. Der Inder, traditionell ganz in weiss gekleidet, sass auf dem Boden und stützte die Geige auf klassisch indische Art mit den Fussknöcheln, die Geigerin stand neben ihm. Die Soloparts waren nach vertrautem westlichen Muster aufgebaut und hatten beide in etwa denselben Schwierigkeitsgrad. Eigentümlich war nun die Spielweise des Inders: Sein Körper wirkte gleichsam abwesend, seine Spielbewegungen schienen ihrem Zweck so zwanglos angemessen, als ob einer während des Fernsehkrimis seinen Arm gedankenlos in Richtung Bierflasche wandern liesse. Gegenüber diesem geradezu unverschämten Understatement wirkte die Geigerin bei aller technischen Leichtigkeit geradezu plump und bemüht. Ein zweites besonderes Merkmal des Inders war sein Klang, der zwar durchaus "westlich" gefärbt war, aber eine stark suggestive, gleichsam sau-

<small>Zwanglose Angemessenheit</small>

gende Wirkung hatte. Auch hier fiel die Partnerin merklich ab, und ihre durchaus persönliche und charaktervolle Tongebung wirkte im Vergleich doch eher distanziert und unlebendig. Der Kontrast dieser Spielweisen war so offensichtlich, dass ich sie mir nicht allein aus persönlichen oder kulturellen Unterschieden erklären konnte. Ich besuchte die Solisten hinter der Bühne, und aus dieser Begegnung wurde später eine musikalische Partnerschaft, die uns zu gemeinsamen Konzerten nach Südindien führte.

Mein indischer Kollege hatte als Kind einer berühmten Musikerfamilie sechs bis acht Stunden täglich geübt - in einer Art und Weise, die man nach westlichen Vorstellungen durchaus mechanisch nennen konnte. Trotzdem war es dabei kaum einmal um motorische Vorgänge gegangen; es wurde einfach nicht in Betracht gezogen, dass sich der Körper einmal *nicht* mit Selbstverständlichkeit an die allmählich steigenden Anforderungen anpassen könnte. Der Blick auf den spielenden Lehrer, gelegentliches zwangloses Vormachen schienen zu genügen, um die körperlichen Abläufe zu allgemeiner Zufriedenheit zu regeln. Dass das Gehör das zentrale Steuerungsorgan für alle Spielbewegungen zu sein hatte, war so selbstverständlich, dass kaum je ein Wort darüber verloren wurde. Als Halbwüchsiger wurde mein Partner nach Amerika geschickt und dort in die Klasse von Ivan Galamian aufgenommen. Seine ersten Stunden bei einem Assistenten beschrieb er mir ungefähr so: *"Mein Lehrer erzählte mir zuerst, dass Arm und Hand aus sechs Teilen bestehen, und dass jeder Teil in seiner eigenen Kreisbahn zieht. Damit sich die Halb- und Viertelkreise nicht gegenseitig störten, musste man ziemlich komplizierte Hantierungen lernen; mein Lehrer nannte das Ausgleichsbewegungen. Als Kulturfremder wollte ich damals alles besonders gut machen und beobachtete meine Bewegungen ständig - mit dem Resultat, dass ich mir am Ende selbst das Hemd mit 'Ausgleichsbewegungen' zuknöpfte. Später fand ich dann heraus, dass man auch westliche Musik ganz gut ohne Ausgleichsbewegungen spielen kann, und da bin ich wieder weggegangen."*

Motorische Vorgänge

Zentrales Steuerorgan

Ursache und Wirkung

Ich möchte mit dieser Geschichte nun keine Grundsatzdiskussion darüber starten, wieviel Körperbewusstsein es zum Musizieren braucht. Ich möchte einfach einige wichtige Fragen stellen, die nicht oft genug gestellt werden können: Wer bewegt denn nun eigentlich wen beim Musizieren? Bewirkt der motorische Faktor das klangliche Ergebnis oder der klangliche Faktor das Motorische? Betrachten wir also die geigerischen Bewegungen im weitesten Sinn als passive, durch Hörvorstellungen ausgelöste Vorgänge, oder gehen wir umgekehrt davon aus, dass die aktive Einrichtung und Regulierung der Bewegungsvorgänge die Grundvoraussetzung ist, um vorgestellte Klänge zu realisieren?

Wer bewegt wen?

Sind wir eher "Produzenten" oder "Empfänger" der geigerischen Bewegung? Geht der Weg "von der Analyse zur Intuition", wie der Untertitel eines instrumentalmethodischen Werkes von Gerhard Mantel lautet, oder geht er von der Intuition (als u.U. durchaus vage Vorstellung eines Klanggeschehens) zur (=Bewegungs-)Analyse - dort zumindest, wo sie wirklich notwendig ist? Entspreche ich den Forderungen, die sich aus den Gesetzmässigkeiten motorischen Lernens ergeben eher, wenn ich das Spielen eines Musikinstrumentes - wie fast jeden anderen Bewegungsvorgang als (in unserem Fall vom Ohr gesteuerte) Anpassung an den Zweck meiner Tätigkeit betrachte? Oder ist es von der Natur der Sache her absolut notwendig, die beim Musizieren sich ergebenden Bewegungen von ihrem seelischen Impuls zu trennen, sie detailliert zu analysieren, aus dem Ergebnis dieser Analyse Haltungs- und Bewegungsvorschriften abzuleiten, entsprechende Übungsmodelle zu entwickeln, anhand dieser Modelle durch vielfache Wiederholung Bewegungsmuster zu automatisieren und diese dann der musikalischen Absicht wieder zur Verfügung zu stellen? Geht also der Weg von innen nach aussen oder von aussen nach innen? Arthur Schnabel meint dazu lakonisch: *"Meines bescheidenen Wissens ist noch nie etwas von aussen nach innen gewachsen."*

Übungsmodelle entwickeln?

Die scheinbar naive Frage nach Beweger und Bewegtem beim Musizieren, nach der Priorität seelischer oder körperlicher Vorgänge also, ist eben *nicht* die "schrecklich vereinfachende" Frage nach "Huhn oder Ei".

Prioritäten setzen

Natürlich sind Körperliches und Seelisches unauflöslich miteinander verbunden, beeinflussen sich gegenseitig, sind letztlich nur zwei Aspekte des einen Lebensganzen. Niemand wird bestreiten, dass sich durch den Umweg über das Körperlich-Motorische indirekt auch Seelisches "anstossen" lässt, dass man durch das Hervorrufen von bestimmten Begleitumständen auch Ursächliches mitauslösen kann. Durch ein Arbeiten von beiden Enden her lassen sich die Fähigkeiten von Ohr und Hand in der Tat gegenseitig immer höher schrauben. Trotzdem ist es ganz und gar nicht gleichgültig, mit welcher Grundorientierung wir in diesem Prozeß stehen; ob also für uns die primäre Richtung vom Klang zur Bewegung geht oder eher umgekehrt. Niemand wird ja auch ernsthaft behaupten, es sei sprachlich belanglos, ob man vor Freude erröte oder sich vor Erröten freue...

Diese unbewusste Vertauschung von Ursache und Wirkung und die verschwommene Gleichsetzung von körperlichen und seelischen Vorgängen, ist m.E. ein zentraler Irrtum vieler Lehrmeinungen. Wenn in vielen Geigenbüchern die Entdeckung des "Petersburger Griffs" als zentrale Ursache der Erfolge der russischen Geigenschule beschrieben wird; wenn amerikanische Violinschulen mit den Mitteln moderner Filmtechnik die Bewegungen grosser Geiger analysieren und diese (vom persönlichen und künstlerischen Zusammenhang abgetrennten) technischen Abläufe zur Grundlage ihrer Lehrmodelle machen; oder wenn wir als praktische Musiker selber auf diesen oder jenen Griff und Kniff als *Ursache* eines grossen Tons oder eines verführerischen Vibratos schwören: Es handelt sich in allen Fällen um eine, meinem Empfinden nach, unzulässige Vertauschung von Ursache und Wirkung, von körperlichen und seelischen, von qualitativen und quantitativen Kategorien.

Ich möchte noch etwas anders fragen: Ist geigerische Bewegung das Automatisieren und Abrufen mehr oder weniger fester Muster?

Aspekte des Lebensganzen

Grundorientierung

Oder ist sie eine mehr oder weniger improvisierende, aus dem ganzen Organismus wirkende, genaugenommen in jedem Moment neu zu findende Antwort auf die jeweiligen Forderungen des Klanges? Sind die instrumentalen Abläufe vielleicht einfach als besonders kunstreiche Variationen eines relativ einfachen Grundthemas zu verstehen? Ich zitiere die berühmte Bewegungslehrerin Dore Jacobs (in "Die menschliche Bewegung"): *"Irrig ist die Vorstellung, die Bewegungsform entstehe aufgrund fertiger Bewegungsbilder, die im Zentralorgan lagern und von innen nach aussen wirken... es gibt kein fertiges Bewegungsschema, das von innen heraus wirkt. Auch die scheinbar festen Koordinationen der täglichen Bewegungen...sind nichts Festes, sie scheinen es nur. Sie sind nur ähnliche Erlebnisse ähnlicher Bedingungen. Diese Vorstellung (fester Bewegungsklischees, Anm. d. Verf.) führt zu verhängnisvollen Fehlwirkungen. Eine Bewegung lernen heisst da: Der Lehrer weiss, wie es gemacht wird und zeigt es dem Schüler, und der probiert es nachzumachen...bis er's kann. Der Erfolg entspricht der Bemühung: Der Schüler lernt genau soviel wie seine Begabung zulässt, der Begabte viel, der Unbegabte wenig, der Bewegungsgestörte so gut wie gar nichts... Es deutet auf einen grundsätzlichen Irrtum in der Art des Lehrens. Ihr liegt eine falsche Auffassung der Bewegung zugrunde...Sich bewegen lernen heisst, vollkommen improvisieren können. Wer in diesem elementaren Sinn zu improvisieren versteht, kann auch die nötigen Bewegungen oder wird sie spielend lernen. Wer es nicht kann, kann sich zwar das Schema einer Bewegung einüben, wird sich aber den Zugang zu ihrem Eigentlichen nur noch mehr versperren... Nicht neue gute Bewegungsgewohnheiten gilt es an Stelle alter schlechter zu setzen, sondern umgekehrt die Bewegung aus ihren Gewohnheitsgeleisen herauszuholen und sie neu zu finden, sie improvisieren zu lernen."*

Kunstreiche Variationen

Verhängnisvolle Fehlwirkungen

Improvisieren lernen

Ohr und Auge

Ich möchte hier eine provozierende Frage an Sie weiterleiten, die mir einmal während eines Gesprächs ein afrikanischer Musikerfreund mit weit aufgerissenen Augen stellte: *"Ja, aber was hat denn Musizieren mit Bewegungenlernen zu tun?"* - Nachdem ich mich von meinem Schock erholt hatte, begann ich hektisch nachzudenken: Ja, was denn eigentlich?

Warum sind eigentlich gerade wir Musiker so hypnotisiert vom Problem der Bewegung? Warum greift ein Maler - also ein Streicherkollege sozusagen - selbst bei den subtilsten Pinselstrichen nie auf ein eintrainiertes Bewegungsrepertoire zurück? Warum denkt ein Bildhauer nicht unbedingt an Pronatoren, Supinatoren und Dorsalbewegungen, wenn er seinen Marmor bearbeitet?

<small>Problem der Bewegung</small>

Nun, ich muss gestehen, alle möglichen Bewegungskünste im Geist abgeklappert und keine eindeutige Antwort gefunden zu haben. Bei *komplexen* Bewegungsaufgaben, etwa dem Jonglieren oder Kunstreiten, wird ein Lehrer zwar immer gewisse elementare Rahmenanweisungen geben können, letztlich weist aber das Ziel selbst die Mittel, mit denen es zu erreichen ist - durch geduldige, oft jahrelange Annäherung an das, was man sich innerlich vorstellt. Es gibt natürlich Ausnahmen, z.B. das Ballett oder der Sport, die ihre Resultate heute oft durch separates Eintrainieren fragmentierter Bewegungsformen, durch Kontrolle mit Videokameras, genaueste Planung der körperlichen Abläufe erzielen. Beim Ballett ist aber, im Gegensatz zum Instrumentalspiel, die *Bewegung selbst* das Kunstobjekt; im modernen Leistungssport hingegen wird der Körper durch Überbeanspruchung einzelner Bewegungsfunktionen zu einseitig unorganischen Leistungen gezwungen - auch nicht unbedingt ein Vorbild fürs Instrumentalspiel.

<small>Das Ziel weist die Mittel</small>

Ich möchte einmal in radikaler Vereinfachung formulieren, worauf ich eigentlich hinaus will. Um irgendeine Tätigkeit auszuführen, brauchen wir *einen Zweck* und *ein zentrales Sinnesorgan*, um unsere Bewegungen zu koordinieren. Unsere Glieder sind letztlich einfach Mittler, welche keine andere Aufgabe haben, als die durch die Absicht entstehenden Arbeiten auszuführen. Wenn ich einen Apfel vom Tisch nehmen will, brauche ich dazu vor allem meine Augen, wenn ich einen Rheinwein von einem Moselwein unterscheiden will, bewegt mein Geschmackssinn Zunge und Gaumen, und wenn ich Klänge realisieren will, dann ist der wichtigste Sinn mein Gehör. Der Haken an unseren Instrumentalschulen ist, dass wir im Lauf der Zeiten, aus einer Art Misstrauen und Unkenntnis über die universalen Möglichkeiten des Hörens, das akustische System weitgehend durch das Optische, mit allen ihm zugeordne-

<small>Misstrauen und Unkenntnis</small>

ten Funktionen des Messens, Zerlegens, rationalen Analysierens ersetzt haben. Alle instrumentalen Bewegungslehren sind letztlich aus der Tatsache hervorgegangen, dass nicht das Hören, sondern das Sehen in den Mittelpunkt des Unterrichts gestellt wurde. Dies bedeutete im Laufe der Entwicklung, dass das Ohr, welches eher nach ganzheitlichen, überrationalen, subjektiv wertenden Prinzipien arbeitet, mit der Zeit gleichsam auf ein Nebengeleise abgeschoben wurde.

Man kann, glaube ich, eine schlichte Binsenweisheit nicht oft genug wiederholen: Das Ohr und nicht das Auge ist die erste und letzte Instanz, welche alle musikalisch/technischen Vorgänge zu einem Ganzen zusammenschliesst - **Das Ohr ist die Ganzheit, die in die Teile wirkt!** Ohr - erste Instanz

Auch für unser Fachgebiet gilt, dass man nicht erfolgreich zwei Herren dienen kann, und wenn wir uns auch immer wieder mit Bewegungsdetails zu beschäftigen haben, so sollten wir doch nie vergessen, dass eine einseitige Ausrichtung auf das Motorische zugleich ein weniger an Konzentration auf den musikalischen Inhalt bedeutet. Vielleicht können wir uns das Optische und das Akustische beim Musizieren einmal wie die Figuren in einem Wetterhäuschen vorstellen: Wenn das Männlein hervorkommt, zieht sich das Weiblein zurück und umgekehrt. Diese Tatsache kann jeder sofort am Instrument nachprüfen: Das Hören wird gleich weniger klar, wenn das Sehen (im weitesten Sinn) die geigerischen Aktionen bestimmt. Hören und Sehen

Und genau hier beginnt der Teufelskreis. Solange das innere Ohr die Muskelfunktionen koordiniert, können die Bewegungen kaum anders als anpassungsfähig und geschmeidig arbeiten; probieren Sie es bitte selber aus. Sobald motorische Abläufe aber von aussen eingerichtet werden, sobald das optische System die Bewegungen nach seinen eigenen "perspektivisch" zerlegenden, d.h. in logischen Ursache- und Wirkungsketten denkenden Vorstellungen regelt, verlieren die Glieder ihren natürlichen rhythmischen Fluss. Das Resultat ist Unsicherheit und Spannung: dann müssen Spezialübungen her, um die verlorene Leichtigkeit zu ersetzen, Haltungen und Einstellungen werden umarrangiert. Konzentration auf minu- Unsicherheit, Spannung tiöse körperliche Details wird notwendig, Angst vor Konzentrationsverlust setzt ein: Schon haben wir all die bekannten Symptome, die das Musizieren für viele von uns zur Qual machen.

Körperbewusstsein fördern

Kommen wir zurück zur Frage meines afrikanischen Freundes: Was hat Musizieren mit Bewegung zu tun? Nun, sehr viel natürlich; heute mehr denn je, und als Violinlehrer, der Schüler von 6 bis 60 Jahren zu unterrichten hat, wäre ich der letzte, dies zu leugnen. Aber gerade *weil* heute schon die Sechsjährigen bewegungsgestört zu uns kommen; gerade *weil* wir alle schlecht atmen, schlecht zuhören, Bewegungen schlecht koordinieren, gerade *deswegen* sollten wir nicht der Versuchung erliegen, verkümmerten Bewegungssinn durch eine künstlich angelernte Bewegungs*technik* ersetzen zu wollen. Wir werden einem Kind, das Mühe hat mit den Grundrechenarten, doch auch nicht zur Therapie einen Taschenrechner in die Hand drücken! Gerade *weil* wir heute kaum mehr in der Lage sind, unseren Körper angemessen zu gebrauchen, müssen wir unkonventionelle Arbeitswege finden, um, direkt am Instrument, mit "gezielten Reizen" verschüttete Tast-, Hör-, Fühl- und Bewegungsmöglichkeiten neu zu entfalten. Natürlich darf ein Pädagoge seine Aufmerksamkeit auch auf Details richten, Hinweise auf günstige Stellungen und Bewegungsmöglichkeiten an seine Schüler weitergeben; selbstverständlich muss er praktische Ratschläge geben können, z.B. wie ein blockierter Oberarm befreit werden kann, und wie sich ein meckerndes Vibrato verändern lässt. Doch sollte es bei allen Einzelmassnahmen zur Verbesserung von Haltung und Bewegung letztlich immer darum gehen, Hilfen und Anreize für das ganzheitliche "Gestimmtsein" zu finden, aus dem die Selbstheilungskräfte des Organismus die angemessene Haltung und Bewegungsform zwanglos von selbst finden. Nur selten kann es darum gehen, auf einen im Regelfall schlecht gehaltenen, schlecht durchatmeten, mangelhaft koordinierten Körper die richtigen oder die für richtig gehaltenen Spielbewegungen zu pfropfen, einzelne Bausteine im Bewegungsgebäude zu ändern. Das Ziel ist immer: eine allmähliche Wandlung des Körpererlebens und -empfindens, des allgemeinen

Körperbewusstseins und des *"Ich-Bildes"* (Feldenkrais). Wie der verantwortungsvolle Arzt eine Grippe nicht allein durch Behandlung der laufenden Nase heilt, sondern auch durch geeignete Mittel zur Stärkung des Abwehrsystems, so muss ein sachkundiger Musikpädagoge dem Bewegungsorganismus vor allem Hilfe zur Selbsthilfe anbieten. Ein Geigenlehrer sollte selbst in fast hoffnungslosen Fällen nie aus den Augen verlieren, dass alle technischen Anweisungen letztlich den einen Sinn haben, den Bewegungsgliedern auch bei subtilen und heiklen Aufgaben das ungestörte Funktionieren nach den von der Natur vorgezeichneten Gesetzmässigkeiten zu ermöglichen.

_{"Ich-Bild"}

_{Hilfe zur Selbsthilfe}

Literatur zum Thema

Feldenkrais, Moshe: **"Der aufrechte Gang"**, 1968

Furtwängler, Wilhelm: **"Aufzeichnungen 1904-1954"**, 1980

Galamian, Ivan: **"Principles of Violin Playing and Teaching"**, 1962

Harnoncourt, Nicolaus: **"Musik als Klangrede"**, 1982

Havas, Kato: **"Stage Fright"**, 1973

Hennigsen, Peter: **"Werkzeuge der Erkenntnis"**, 1984

Huang, Al: **"The essence of T'ai chi"**, 1973

Hwa Kwong, Jae: **"Zen-Kunst der Selbstverteidigung"**, 1971

Jacobs, Dore: **"Die menschliche Bewegung"**, 1972

Jacoby, Heinrich: **"Jenseits von Begabt und Unbegabt"**, 1980

Jacoby, Heinrich: **"Jenseits von Musikalisch und Unmusikalisch"**, 1984

Jacoby, Heinrich: **"Musik, Gespräche, Versuche"**, 1986

Kükelhaus, Hugo: **"Entfaltung der Sinne"**, 1990

Le Brün-Hölscher, Heike: **"Musikerziehung bei Heinrich Jacoby"**, 1987

Martienssen, C.A.: **"Schöpferischer Klavierunterricht"**, 1957

Mc Cluggage, Denise: **"Der innere Schwung"**, 1987

Mozart, Leopold: **"Versuch einer gründlichen Violinschule"**, 1756/1968

Müller, Werner: **"Indianische Welterfahrung"**, 1981

Neuhaus, Heinrich: **"Die Kunst des Klavierspiels"**, 1967 (dt. Ausgabe)

Pleeth, William: **"Das Cello"**, 1986

Watts, Alan: **"Der Lauf des Wassers"**, 1975

Watts, Alan: **"Im Einklang mit der Natur"**, 1981

Wehmeyer, Grete: **"Czerny und die Einzelhaft am Klavier"**, 1983